Horacio E. Lona

Judas Iskariot

Horacio E. Lona

Judas Iskariot
Legende und Wahrheit

Judas in den Evangelien und das Evangelium des Judas

HERDER

FREIBURG · BASEL · WIEN

www.herder.de
Einbandgestaltung: Finken & Bumiller, Stuttgart
Satz: Barbara Herrmann, Freiburg
Druck und Bindung: fgb · freiburger graphische betriebe
www.fgb.de
Gedruckt auf umweltfreundlichem, chlorfrei gebleichtem Papier
Printed in Germany

ISBN 978-3-451-29562-1

Inhalt

E. Ausblick: Der „Fall" Judas

Anhang

Vorwort

Als ich im April und Mai 2006 in Buenos Aires Vorlesungen zu neutestamentlichen Themen hielt, wurde in den Medien die Veröffentlichung des Judasevangeliums bekannt gegeben. Das Echo der Ankündigung überraschte mich. Dass eine Schrift aus dem 2. Jahrhundert durch das Mitwirken von Fernsehen und Werbung in den Straßen einer Großstadt wie Buenos Aires das lebhafte Interesse von vielen Menschen wecken konnte, kam mir höchst ungewöhnlich vor. Der Anregung von einigen Freunden dort, etwas über das Thema für argentinische Leser zu Papier zu bringen, bin ich inzwischen gefolgt.

Nach meiner Rückkehr nach Deutschland bekundete Dr. Bruno Steimer vom Verlag Herder sein Interesse für eine bearbeitete – besonders in der Einbeziehung der Sekundärliteratur – deutsche Fassung des Buchs. Ihm habe ich es zu verdanken, dass das Projekt kurzfristig realisiert werden konnte. Er hat auch den ersten Teil der Arbeit sprachlich betreut. H. Enrico Barbiero (Benediktbeuern) übernahm sodann die Last der stilistischen Korrekturen des ganzen Textes. Beiden gilt mein aufrichtiger Dank.

Benediktbeuern, im Januar 2007 *Horacio E. Lona*

Einleitung

Unsere Welt der Medien vermag Phänomene, die an sich miteinander nichts zu tun haben, zu verbinden und in einen – mitunter merkwürdigen – Zusammenhang zu stellen. Während vor einigen Jahrzehnten die Funde von Nag Hammadi – 52 gnostische Schriften von herausragender Bedeutung für die Erforschung der altchristlichen Gnosis – über die Fachwelt hinaus kaum Beachtung gefunden haben, löste die Ankündigung der Veröffentlichung eines Judasevangeliums eine Welle von Stellungnahmen aus, die das Interesse und die Erwartungen einer bestimmten Bildungsschicht in der Gesellschaft widerspiegeln.

Der kulturelle Hintergrund für diese Reaktion lässt sich leicht bestimmen. Vor wenigen Jahren schrieb Dan Brown den Bestseller „The Da Vinci Code", der unter dem provozierenden Titel „Sakrileg" auf Deutsch erschien. Anfang 2006 kam die entsprechende Filmfassung aus Hollywood in die Kinos. Das Erfolgsrezept ist einfach, aber effektiv: Ein von der Kirche bis jetzt verborgen gehaltenes Geheimnis wird endlich gelüftet; es kommt hinzu die offene Kritik an kirchlichen Institutionen, die ohnehin immer schon verdächtig sind; zum guten Schluss ein Mord, zu dem sich eine Liebesgeschichte gesellt.

Die Eigenart einer Schrift wie dem Judasevangelium unterscheidet sich jedoch völlig vom erwähnten Bestseller: Zwar ist auch das Judasevangelium eine literarische Fiktion wie der Roman von Dan Brown, aber gänzlich anders gestaltet. Seine Sprache ist alles andere als modern oder leicht zugänglich, und es fehlen eben auch die Komponenten, die einen modernen Roman interessant machen.

Dennoch gibt es einige wichtige gemeinsame Elemente. Auch im Judasevangelium wird eine Wahrheit enthüllt, die von der Kirche von Beginn an verborgen gehalten wurde: Die Wahrheit über Judas Iskariot, im Neuen Testament als Verräter bezeichnet und diffamiert, während er in Wirklichkeit jedoch eine völlig andere Beziehung zu Jesus besaß und daher auch eine andere Rolle spielte. Auch auf die Frage, wie das Judasevangelium „aus dem Verkehr" gezogen wurde, hat man inzwischen eine Antwort gefunden, indem man in Irenäus von Lyon, im 2. Jahrhundert Bischof der gallischen Stadt, den dafür Verantwortlichen entlarvt zu haben glaubt.

Zwischen beiden Werken scheint sich eine gegenseitige Wechselwirkung entwickelt zu haben. Einerseits hat „The Da Vinci Code" das Interesse für jede Art Aufdeckung von bis jetzt geheim gehaltenen Wahrheiten der christlichen Überlieferung potenziert. Andererseits verlieh das Judasevangelium dem Roman von Dan Brown den Nimbus historischer Echtheit, der manche Leser seinen fiktiven Charakter vergessen lässt.

Die folgenden Seiten sind nicht für die Spezialisten geschrieben, sondern für ein breites Publikum, das sich für das Thema interessiert und nach dem Verhältnis des Judasevangeliums zur neutestamentlichen Überlieferung fragt. Ich habe mich bemüht, Fachtermini zu vermeiden, und dort, wo ihre Verwendung unumgänglich war, habe ich sie durch kurze Erklärungen erläutert. Auf umfangreiche Literaturangaben habe ich verzichtet, weil sie mir für den angezeigten Zweck nicht dienlich erschienen; die wenigen zitierten Werke enthalten weitere Hinweise darauf.[1]

Die Veröffentlichung beabsichtigt, über sensationalistische Ankündigungen hinaus eine sachliche Sicht der Fakten zu bieten. Es geht aber nicht um Polemik, sondern um Verstehen, und zwar in mehrfacher Hinsicht: Um das Verstehen des Judas und seines Schicksals; um das Verstehen der neutestamentlichen und altchristlichen Zeugnisse über ihn, und schließlich um das Verstehen des Judasevangeliums und seiner dezidierten Stellungnahme.

Um dieses Ziel zu erreichen, wird der Leser eingeladen, einen Weg mitzugehen, der von ihm auch Geduld abverlangt. Das Neue Testament erwähnt die Person des Judas nicht sehr häufig, dafür aber in entscheidenden Momenten. Der Gang durch die Schriften des Neuen Testaments sowie durch die Literatur des 2. Jahrhunderts erweist sich als eine unerlässliche Voraussetzung, um das Judasevangelium in den Kontext der Theologiegeschichte dieser Zeit einordnen zu können.

---

[1] Vgl. die im Literaturverzeichnis angeführten Werke von H.-J. Klauck, B. Dieckmann und M. Meiser.

A. Die Angaben über Judas im Neuen Testament

1. Die synoptischen Evangelien und die Apostelgeschichte

Mit wenigen Ausnahmen erwähnen die drei ersten Evangelien (Matthäus, Markus und Lukas) die Gestalt des Judas an Stellen, die sich parallel wie in einer Zusammenschau – im Fachjargon „synoptisch" – darstellen lassen; es handelt sich daher um die „synoptischen Evangelien". Im Folgenden betrachten wir diese Stellen und heben dabei die unterschiedlichen Akzente hervor, die bei gemeinsamer Überlieferung jeder der drei Evangelisten setzt.

1.1 Die Liste der Apostel

In der Liste der zwölf Apostel erscheint Judas immer am Schluss. Die Fassungen, die sich am nächsten stehen, sind die in Mk 3,18f und Mt 10,4. In beiden wird vor Judas der Name Simon des Kananäers bzw. des „Zeloten" (des „Eiferers") genannt.[1]

Lk 6,15f bringt zwei Varianten: (1) Zwischen Simon, dem Kananäer, und Judas Iskariot, erscheint ein anderer Judas, ein Sohn des Jakobus, der den von Mk und Mt vorher genannten Thaddäus ersetzt. Die spätere Überlieferung hat das Problem der Unstimmigkeit in den Apostellisten einfach

---

[1] Bei den synoptischen Darstellungen sind die Wörter kursiv gedruckt, die mit der Fassung des Markus übereinstimmen. Dadurch sind Gemeinsamkeiten und Unterschiede der jeweiligen Fassungen leicht erkennbar.

dadurch gelöst, indem aus beiden Gestalten eine einzige wurde: Judas Thaddäus; (2) die Tat des Judas wird als Verrat bewertet; entsprechend wird er als Verräter bezeichnet.[2]

Mt 10,4	Mk 3,18f	Lk 6,15f
[4]*Simon, der Kananäer,*	[(18)]*und Simon, der Kananäer,*	[(15)]*und Simon*, der Zelot genannt wurde, [16]und Judas, der Sohn des Jakobus,
und Judas Iskariot, der ihn auch auslieferte.	[19]*und Judas Iskariot, der ihn auch auslieferte.*	*und Judas Iskariot*, der zum Verräter wurde.

Dass Judas am Ende der Apostelliste mit dem Hinweis erwähnt wird, er habe Jesus verraten, zeigt, dass diese Listen in einer Zeit der urchristlichen Überlieferung entstanden sind, die von den Aposteln – mit Ausnahme des Simon Petrus, seines Bruders Andreas und der Söhne des Zebedäus – zwar wenig zu berichten wusste, von Judas aber den markantesten Zug festgehalten hatte. Das Wenige, was hier gesagt ist, wird an späterer Stelle ergänzt werden.

Diese Beobachtungen zur Apostelliste ergeben nur dann einen Sinn, wenn die Konstituierung des Zwölferkreises in der Geschichte des irdischen Jesu verankert ist, und sie nicht als Rückprojektion der Urgemeinde in die Zeit Jesu aufgefasst wird.

Gegen die Meinung, die Vorstellung vom Zwölferkreis sei erst nach der Erfahrung mit dem Auferstandenen entstanden (vgl. 1Kor 15,3–5), spricht gerade die Nennung des Judas, der ihn auslieferte, als Mitglied in diesem Kreis. Wenn die ein-

[2] Über Judas als Verräter s.u. S. 71ff.

zige Angabe über ihn sein Verrat war, bestand wahrlich keine Notwendigkeit bei einer nachösterlichen Entstehung der Vorstellung eines Zwölferkreises, ihn unter die Apostel zu zählen. Judas hätte ohne weiteres seine Rolle spielen können, ohne ausgerechnet einer der Zwölf zu sein.[3]

---

[3] Die heutige Forschung neigt mehrheitlich dazu, die Entstehung des Zwölferkreises im Leben Jesu anzusiedeln. Es wird eine symbolische Handlung Jesu in der Tradition der Propheten gewesen sein, bei denen zahlreiche Symbolhandlungen auffällig sind. Wenn etwa der Prophet Jeremia keine Frau zu sich nehmen, auch kein Trauerhaus betreten und an keinem Festmahl teilnehmen darf (Jer 16,1–13), verschärfen solche Symbolhandlungen seine Unheilspredigt (vgl. auch Jer 18,1–12: Jeremias und der Töpfer; Ez 24,15–24: die bevorstehende Katastrophe). Der Zwölferkreis repräsentiert das wahre Israel der Endzeit, nachdem das empirische Israel, aus den zwölf Stämmen entstanden, vor Gott versagt hat. Die Gemeinde in Qumran kennt eine analoge Vorstellung: „Im Rat der Gemeinschaft sollen *zwölf Männer* sein und drei Priester, vollkommen in allem, was offenbart ist aus dem ganzen Gesetz, um Treue zu üben, Gerechtigkeit, Recht, barmherzige Liebe und demütigen Wandel, ein jeder mit seinem Nächsten, Treue zu bewahren im Lande mit festem Sinn und zerbrochenem Geist, Schuld zu sühnen, indem sie Recht tun ... Wenn dies in Israel geschieht, dann ist der Rat der Gemeinschaft fest gegründet in der Wahrheit für die ewige Pflanzung, ein heiliges Haus für Israel und eine Gründung des Allerheiligsten“ (I QS 8,1–5) (nach der Übersetzung von *E. Lohse*). Sowohl die Gruppe, die sich um Jesus schart, als auch die Gemeinde in Qumran bezeugen die gleiche Gewissheit, am Ende der Zeit die von Gott gewollte Gemeinde, das wahre Israel zu bilden. Auf diesen Zusammenhang macht *H.-J. Klauck,* Judas 35, aufmerksam.

1.2 Die Vereinbarung des Judas mit den Hohenpriestern

Die drei Synoptiker lassen die große narrative Einheit der Leidensgeschichte mit dem Beschluss der Hohenpriester und Schriftgelehrten beginnen, Jesus festzunehmen und zu töten (Mt 26,1–5; Mk 14,1–2; Lk 22,1–2). Vor diesem Hintergrund sind alle Einzelheiten, die danach erzählt werden, auf den Tod Jesu als das zentrale Thema hingeordnet.

Unter dieser Prämisse ist die Vereinbarung des Judas mit den Hohenpriestern zu verstehen. Nach Markus und Matthäus geschieht dies zeitlich zwischen der Salbung Jesu in Betanien (Mt 26,6–13; Mk 14,3–9) und der Vorbereitung des Paschamahls (Mt 26,17–20; Mk 14,12–27). Nach Lukas, der von der Salbung in einem ganz anderen Zusammenhang erzählt (Lk 7,36–50), findet die Begegnung des Judas mit den jüdischen Behörden (Lk 22,3–6) zwischen deren Beschluss, Jesus zu töten (Lk 22,1–2), und der Vorbereitung des Paschamahls (Lk 22,7–14) statt.

Die drei Fassungen stimmen in den wesentlichen Angaben überein. (Das überrascht nicht, insofern die Theorie über die Entstehung der synoptischen Evangelien vorausgesetzt wird, der wir in der Analyse folgen; demzufolge ist das Markusevangelium das älteste der drei synoptischen Evangelien, das von Matthäus und Lukas gekannt und benutzt wurde.[4])

---

[4] Es handelt sich um die so genannte „Zwei-Quellen-Theorie“. Neben Markus steht als zweite Quelle eine Sammlung von Worten Jesu, die „Logienquelle“ (abgekürzt Q). Matthäus und Lukas verfügen des Wei-

Die Angaben über Judas im

Mt 26,14–16	Mk 14,10–11	Lk 22,3–6
[14]Darauf *ging einer der Zwölf namens Judas Iskariot zu den Hohenpriestern* [15]und sagte: „Was wollt ihr mir geben, wenn ich *ihn* euch *ausliefere?*“ Und sie zahlten ihm dreißig Silberstücke. [16]*Und* von da an *suchte er die Gelegenheit,* *ihn auszuliefern.*	[10]Und *Judas Iskariot, einer der Zwölf, ging zu den Hohenpriestern,* um *ihn ihnen auszuliefern.* [11]Als sie das hörten, *freuten sie sich* und versprachen, *ihm Geld zu geben.* *Und er suchte* *die Gelegenheit,* *ihn auszuliefern.*	[3]Satan fuhr in *Judas*, genannt *Iskariot*, einen aus der Zahl *der Zwölf.* [4]Und er ging hin und besprach sich mit *den Hohenpriestern* und Hauptleuten, wie er *ihnen ihn ausliefern* könnte. [5]Und *sie freuten sich* und kamen mit ihm überein, *ihm Geld zu geben.* [6]Und er sagte zu *und suchte die Gelegenheit, ihn auszuliefern,* ohne dass das Volk es merkte.

Die Rezeption des Markus-Stoffes geschah nicht rein mechanisch, wie wenn man einfach einen Text abschreibt. Jeder Evangelist zeigt Freiheit und Kreativität in der Aufnahme der Überlieferung, ohne deswegen den Grundinhalt zu verändern.

Nach der Erwähnung in der Zwölferliste kam Judas nicht mehr vor. Es wirkt daher unvermittelt, wenn er hier plötzlich auf dem Weg zu den Hohenpriestern auftaucht, um ihnen Jesus auszuliefern. Markus, dem Matthäus folgt, hängt sicherlich von einer Tradition ab, die er weitergibt, ohne ei-

---

teren über „Sondergut“: Es sind dies jene Abschnitte, die keinerlei Parallele bei einem der anderen Evangelien besitzen.

nen Versuch zu unternehmen, die Tat des Judas durch den Hinweis auf das ihn treibende Motiv zu erklären.

Lukas scheint darin eine Schwierigkeit gesehen zu haben und führt die Handlung des Judas auf das Wirken Satans zurück, der in ihn fuhr.[5] Mit dieser Erklärung entstehen freilich manche Schwierigkeiten. Wird Judas zu einem Instrument Satans? Warum ergreift Satan von ihm Besitz? Hat Judas etwas verschuldet oder vollzieht sich an ihm der Wille Gottes?

Das von Lukas genannte Motiv will die Tat gewiss nicht entschuldigen, dennoch dürfte damit keine direkte Ursächlichkeit ausgedrückt sein. Später werden wir auf diese Frage zurückkommen.

Judas wendet sich an die Hohenpriester, die gemeinsam mit den Schriftgelehrten die feindselige Front verkörpern, was zu Beginn der Leidensgeschichte unmissverständlich klargestellt wird (Mt 26,1–5; Mk 14,1–2; Lk 22,1–2). Die Hohenpriester gehören zum „Synedrium", d. h. zum Hohen Rat (Mt 26,59; Mk 14,55), der über Jesus urteilen wird (Mt 27,1; Mk 15,1; Lk 22,66). Die Handlung setzt demnach eine beachtliche Entfremdung des Judas von der Person Jesu voraus, die den weiteren Verlauf der Ereignisse bestimmen wird.

Bei der Begegnung des Judas mit den Hohenpriestern kommt es zu einer Vereinbarung. Judas wird ihnen Jesus ausliefern; sie versprechen ihm, eine Geldsumme als Belohnung zu geben. In Mk 14,11 und Lk 22,5 steht allgemein „Geld" (griech. ἀργύριον [argyrion], eigentlich „Silbergeld").

[5] Joh 13,2.27 bringt das gleiche Motiv (s.u. S. 49). Es ist möglich, dass Lk und Joh einer ähnlichen Überlieferung folgen.

Mt 26,15 bringt an dieser Stelle ein Zitat aus dem Buch des Propheten Sacharja (11,12), wodurch die von Judas empfangene Summe genau quantifiziert wird: es sind dreißig Silberstücke. Sacharja erhält diesen Betrag von den Schafhändlern als Lohn. Judas hatte eingangs gefragt, wie viel er bekommen würde, wenn er Jesus an sie ausliefere (Mt 26,15). Die dreißig Silberstücke sind die Antwort darauf. Matthäus kommt auf den Betrag im Abschnitt über das Ende des Judas wieder zurück (Mt 27,3–10). Judas scheint hier eindeutig am Geld interessiert zu sein. Bei Markus und Lukas dagegen versprechen die Hohenpriester ihm Geld zu geben, aber als Zeichen der Dankbarkeit und nicht als Erfüllung einer zuvor aufgestellten Bedingung.

Nach der Vereinbarung mit den Hohenpriestern muss Judas seine Zusage erfüllen. Die Bemerkung, dass er dafür eine passende Gelegenheit suchte, unterstreicht seinen Vorsatz.

1.3 Die Ankündigung der Auslieferung

Die folgende Szene ereignet sich während des Paschamahls, nach Markus und Matthäus vor den Worten über Brot und Wein. Lukas bringt eine andere Reihenfolge.[6]

---

[6] Die markinische Fassung der Leidensgeschichte wird von Matthäus übernommen. Bei Lukas gibt es eindeutige Hinweise, dass er einer anderen Version folgt. Die Änderung in der Abfolge der Ereignisse geht wahrscheinlich auf seine Quelle zurück.

Mt 26,21–25	Mk 14,18–21	Lk 22,21–23
21 *Und während sie aßen, sagte* er: „*Wahrlich, ich sage euch:* *Einer von euch wird mich ausliefern.*“	18 *Und während sie* lagen und *aßen, sagte* Jesus: „*Wahrlich, ich sage euch:* *Einer von euch wird mich ausliefern*; einer, der mit mir isst.“	
22 Sie wurden sehr *traurig und begannen einer nach dem anderen zu ihm* zu sagen: „*Doch nicht ich,* Herr?“	19 Da *begannen sie traurig* zu werden, *und einer nach dem anderen* sagte *zu ihm*: „*Doch nicht ich?*“	
23 *Er* aber antwortete und *sagte*: „*Der mit mir* die Hand *in die Schüssel* getaucht hat, der wird mich ausliefern. 24 *Der Menschensohn geht zwar hin, wie es über ihn geschrieben steht. Wehe aber jenem Menschen, durch den der Menschensohn ausgeliefert wird. Besser wäre es jenem Menschen, wäre er nie geboren.*“	20 *Er sagte* zu ihnen: „Einer der Zwölf, *der mit mir* (die Hand) *in die Schüssel* taucht. 21 *Der Menschensohn geht zwar hin, wie es über ihn geschrieben steht. Wehe aber jenem Menschen, durch den der Menschensohn ausgeliefert wird. Besser wäre es jenem Menschen, wäre er nie geboren.*“	21 „Doch siehe, die Hand dessen, der mich ausliefert, ist mit mir auf dem Tisch. 22 Denn *der Menschensohn geht* dahin, wie es bestimmt ist, doch *wehe jenem Menschen, durch den* er *ausgeliefert wird.*“
25 Judas, der ihn auslieferte, entgegnete ihm: „Doch nicht ich, Rabbi?“ Er sagte zu ihm: „Du sagst es“.		23 Und sie begannen zu streiten, wer von ihnen es wohl wäre, der das tun würde.

Im Zentrum der Handlung steht nicht Judas, sondern Jesus, der von vornherein um das künftige Geschehen weiß und von dem, der dabei die Hauptrolle übernehmen wird: „Einer von euch wird mich ausliefern.“[7] Jesus weiß auch um die Bestrafung, die auf jenen zukommen wird: „Es wäre für ihn besser, er wäre nicht geboren“.

Das christologische Interesse dominiert die Szene. Jesus ist nicht das Opfer einer bösen Machenschaft, der er unterliegt. Wenn er alles im Voraus weiß und dennoch die Ereignisse und ihre Folgen widerstandslos auf sich nimmt, dann deswegen, weil er selbst damit die Schrift in Erfüllung bringt: „... wie es über den Menschensohn geschrieben steht“.

Dass Judas hier durch seine Tat die Erfüllung der Schrift ermöglicht, entbindet ihm nicht von der Verantwortung gegenüber seiner Tat: „Wehe dem Menschen, durch den der Menschensohn ausgeliefert wird.“

Nach der markinischen Fassung bemerkt Judas nicht, dass Jesus seine Absicht durchschaut. Lukas lässt auch die anderen Jünger ihr Unwissen äußern. Das „Du sagst es“ bei Matthäus beseitigt jeden Zweifel und konfrontiert Judas unmittelbar mit Jesus selbst.

Alle drei Textfassungen sind das Ergebnis einer christologischen Reflexion, welche die gesamte Leidensgeschichte prägt. Der Menschensohn ist Herr über sein Schicksal, und seine Hingabe geschieht im Zeichen des Gehorsams seinem Vater gegenüber.

Abgesehen vom Gewicht der theologischen Reflexion zwingt gerade die Diskussion um das Judasevangelium da-

---

[7] Mk 14,19 zitiert mit „Der mit mir isst“ leicht verändert Ps 41,10. Interessanterweise wird das gleiche Wort in Joh 13,18 zitiert (s.u. S. 45).

zu, die Frage zu stellen: Hat Jesus gewusst, dass Judas ihn ausliefern wollte?[8] Die Frage betrifft nicht allein die Tat des Judas, sondern allgemein das Wissen Jesu über die Zukunft. Sie ist so alt wie die historisch-kritische Exegese.

Die Aussagen in den Texten sind eindeutig, aber wie soll man sie interpretieren? Es wäre verführerisch, in dogmatischer Betrachtungsweise die Texte auszulegen. Wenn Jesus der Sohn Gottes ist, nimmt er an der Allwissenheit Gottes teil und kann daher alles im Voraus wissen. Die Frage so zu beantworten, birgt jedoch neue Probleme. Die dogmatische Erklärung des Konzils von Chalkedon (451) erinnert daran, dass im Sohn Gottes zwei vollständige Naturen – die göttliche und die menschliche – „unvermischt" vereint sind. Aus der theologischen Rede von der „hypostatischen Union" darf jedoch nicht einfachhin geschlossen werden, Jesus habe im Voraus alles gewusst.[9] Ein vollkommen alles umfassendes Wissen ist der menschlichen Natur fremd. Hätte Jesus alles über die letzten Ereignisse seines Lebens gewusst, wie es die drei Leidensankündigungen aussagen (vgl. Mk 8,31; 9,31 und 10,33f), würde das Geschehen seinen grundsätzlichen, ja Heil bringenden Ernst einbüßen. Wer vor seinem Tod schon weiß, dass er am dritten Tag auferstehen wird, stirbt nicht den menschlichen Tod im Glauben an die Macht Gottes, die ihn aus dem Tod retten wird.

So wie Jesus das Weltbild seiner Zeit mit seinen Zeitgenossen teilte, so teilte er in gleicher Weise das begrenzte Wissen eines jeden Menschen. Jesus ging nicht nach Jeru-

---

8 Das Thema spielt im vierten Evangelium eine große Rolle.

9 Wenn man dies annimmt, hat dies beträchtliche Folgen für die Interpretation der Judasfigur.

salem hinauf, weil er von seiner Hinrichtung dort im Voraus wusste, sondern weil er auch dort die Botschaft vom Reich Gottes verkünden wollte. Erst in der Reaktion der jüdischen Behörden auf die Tempelreinigung (Mk 11,15–19; Mt 21,12–14; Lk 19,45–48) klingt an, dass man Jesus töten wollte. Vor diesem Hintergrund konnte Jesus auch mit der Möglichkeit rechnen, dass einer seiner Jünger ihn der Behörde übergeben würde, jedoch nicht mehr als dies.

Im Licht des Glaubens an den Gekreuzigten und Auferstandenen hat man die Ereignisse anders gedeutet und erzählt. Die drei hier vorgestellten Texte der Evangelien bezeugen das.

1.4 Die Gefangennahme

Nach Jesu Ankündigung der bevorstehenden Ereignisse im Abendmahlssaal, nehmen die Dinge sogleich ihren Lauf. Den Auftakt der dramatischen Handlung bildet Jesu Gefangennahme. Auch hier folgt Matthäus der markinischen Fassung recht genau, während die lukanische eine weit kürzere Version bietet.

Mt 26,45b–50	Mk 14,41b–46	Lk 22,47–48
45b„Siehe, *die Stunde ist gekommen und der Menschensohn wird in die Hände der Sünder ausgeliefert.* 46*Steht auf, wir wollen gehen! Siehe, der mich ausliefert, ist da.*“	41b„*Die Stunde ist gekommen.* Siehe, *der Menschensohn wird in die Hände der Sünder ausgeliefert.* 42*Steht auf, wir wollen gehen! Siehe, der mich ausliefert, ist da.*“	

[47]*Während er noch redete,* siehe, *da kam Judas, einer der Zwölf, und mit ihm eine große Schar mit Schwertern und Knüppeln;* *sie waren von den Hohenpriestern und Ältesten (geschickt worden).*	[43]Und sogleich, *während er noch redete, kam Judas, einer der Zwölf, und mit ihm eine große Schar mit Schwertern und Knüppeln; sie waren von den Hohenpriestern,* den Schriftgelehrten *und Ältesten (geschickt worden).*	[47]*Während er noch redete,* siehe, *(da kam eine) Schar und einer der Zwölf* namens *Judas* ging ihnen voran.
[48]*Der ihn auslieferte, hatte mit ihnen ein Zeichen verabredet und gesagt:* *„Der, den ich küssen werde, der ist es. Nehmt ihn fest.“*	[44]*Der ihn auslieferte, hatte mit ihnen ein Zeichen verabredet und gesagt:* *„Der, den ich küssen werde, der ist es. Nehmt ihn fest* und führt ihn sicher ab.“	
[49]*Sogleich ging er auf* Jesus *zu und sagte:* „Sei gegrüßt, *Rabbi!*“ *Und er küsste ihn.*	[45]Und als er kam, *ging er sogleich auf ihn zu und sagte:* *„Rabbi!“* *Und er küsste ihn.*	Und er näherte sich Jesus, um ihn zu küssen.
[50]Jesus sagte zu ihm: „Freund, dazu bist du gekommen.“		[48]Jesus aber sagte zu ihm: „Judas, mit einem Kuss lieferst du den Menschensohn aus?“
Dann gingen *sie* auf ihn zu, *ergriffen ihn und nahmen ihn fest.*	[46]*Sie ergriffen ihn und nahmen ihn fest.*	

Ort der Handlung ist der Ölberg, nachdem Jesus in Getsemani die Nacht im Gebet verbracht hat. Die in Mk 14,41b–42 und Mt 26,45b–46 überlieferten Worte führen zur folgenden Szene mit dem Kuss des Judas und der Festnahme Jesu hinüber.

Wie im Abschnitt zuvor weiß Jesus im Voraus über die Rolle des Judas Bescheid. Die Worte über die Übergabe des Menschensohnes in die Hände der Sünder bei Lukas nehmen die zweite Leidensankündigung wieder auf[10]: „Der Menschensohn wird in die Hände der Menschen ausgeliefert“ (Mk 9,31 = Mt 17,22; Lk 9,44).

Die lukanische Fassung stellt deutlicher als die anderen die Führungsfunktion des Judas heraus, denn hier geht er den anderen voran. Im Unterschied zu Markus wendet sich bei den beiden anderen Evangelisten Jesus direkt an Judas, um ihm eine Frage zu stellen. Das Wort in Mt 26,50 lässt sich als bestätigende Aussage oder als rhetorische Frage auffassen. Auf jeden Fall redet Jesus ihn mit „Freund“ an. Unklar bleibt, ob es sich bei dem Wort Jesu um eine Aufforderung handelt, das Geplante zu vollbringen.

Die Frage in Lk 22,48 unterstreicht den Widerspruch in der Handlung des Judas: einerseits begrüßt er Jesus mit einem Kuss – dem Zeichen der Freundschaft und Zuneigung[11] –, andererseits verrät er ihn dadurch.

Durch den Verrat und die Festnahme Jesu wird der erste Teil des von den Hohenpriestern und Schriftgelehrten ge-

---

[10] Die erste Leidensankündigung: Mk 8,31, die dritte: Mk 10,33f. Matthäus und Lukas folgen Markus.

[11] Vielleicht hat 2Sam 20,8–10 in der Gestaltung der Szene nachgewirkt. Hier tritt Joab an Amasa heran und fragt ihn: „Geht es dir gut, mein Bruder?“ Mit der rechten Hand fasst er Amasa beim Bart, um ihn zu küssen, während er zugleich das Schwert, das er in der linken Hand hält, in seinen Leib stößt, sodass seine Eingeweide zur Erde fallen. – Vgl. *H.-J. Klauck,* Judas 65–67, der „den Judaskuß als eine legendarische Erweiterung einer älteren berichtenden Notiz“ ansieht.

fassten Beschlusses umgesetzt, Jesus festzunehmen und zu töten (Mk 14,1; Mt 26,4).

1.5 Das Ende des Judas

Die zwei voneinander stark abweichenden Versionen stehen in jeweils ganz anderen Zusammenhängen. Mt 27,3–10 schafft eine Zäsur zwischen der Übergabe Jesu an Pilatus (Mt 27,1–2) und der Begegnung mit dem römischen Statthalter (Mt 27,11–16); Apg 1,16–20 gehört an den Anfang der ersten Rede des Petrus vor 120 Brüdern. Geht man davon aus, dass der Verfasser der Apostelgeschichte auch das Lukasevangelium geschrieben hat, dann ist Markus der einzige der Synoptiker, der keine Tradition über das Ende des Judas überliefert.

Wenngleich die beiden Erzählungen stark voneinander abweichen, werden sie hier gleichwohl synoptisch dargestellt, um die Unterschiede und zugleich die wenigen Gemeinsamkeiten leichter zu erfassen.

Mt 27,3–10	Apg 1,16–20
3 Als nun Judas, der ihn ausgeliefert hatte, sah, dass er verurteilt war, ergriff ihn Reue. Er brachte den Hohenpriestern und Ältesten die dreißig Silberstücke zurück 4 und sagte: „Ich habe gesündigt, als ich unschuldiges Blut auslieferte.“ Sie aber sagten: „Was geht uns das an? Sieh du zu!“	16 Brüder! Es musste sich das Schriftwort erfüllen, das der heilige Geist durch den Mund Davids über Judas im Voraus gesprochen hat, der zum Anführer derer wurde, die Jesus gefangen nahmen. 17 Er wurde zu uns gezählt und hatte Anteil an diesem Dienst.
5 Er warf die Silberstücke in den Tempel und entfernte sich, ging hin	18 Dieser kaufte sich von seinem Sündenlohn ein Grundstück, stürz-

und erhängte sich. 6 Die Hohenpriester nahmen das Geld und sagten: „Es ist nicht erlaubt, es in den Tempelschatz zu tun, denn es ist Blutgeld." 7 Sie beschlossen, den Töpferacker zu kaufen als Begräbnisplatz für die Fremden. 8 Deshalb heißt jener Acker bis heute *Blutacker.* 9 So erfüllte sich, was durch den Propheten Jeremia gesagt worden ist: „Und sie nahmen die dreißig Silberstücke, den Preis für den Geschätzten, wie er von den Söhnen Israels abgeschätzt war, 10 und gaben sie für den Töpferacker, wie es mir der Herr aufgetragen hat."	te kopfüber, barst auseinander, und alle seine Eingeweide fielen heraus. 19 Das wurde allen Bewohnern von Jerusalem bekannt, sodass jenes Grundstück in ihrer Sprache Hakeldamach genannt wurde, das heißt *Blutacker.* 20 Denn im Buch der Psalmen steht geschrieben: „Seine Wohnstätte soll veröden, niemand soll darin wohnen", und: „Sein Amt soll ein anderer erhalten."

Die Schriftzitate am Schluss der beiden Fassungen möchten beweisen, dass manche Einzelheiten im Zusammenhang mit dem Ende des Judas die Schrift in Erfüllung bringen. Eine kurze Analyse jedes Textes soll die je eigene Beweisführung verdeutlichen.

Mt 27,3–10

Nach Mt 26,15 erhielt Judas dreißig Silberstücke für seine Tat. Die Geldsumme spielt in der Erzählung eine wichtige Rolle. Der Abschnitt lässt sich in drei Teile gliedern:

- V3–4: Die Reue des Judas, die Rückgabe des empfangenen Geldes und sein freiwilliger Tod;
- V5–8: der Beschluss der Hohenpriester, einen Acker zu kaufen;
- V9–10: der Kauf des Ackers als Erfüllung der Schrift.

Die Stelle Sach 11,12f, die bereits im Zusammenhang mit Mt 26,15 zitiert wurde, dient in Mt 27,3–9 als Basistext, aus dem sich mehrere Motive in der Erzählung entfalten lassen. Die dreißig Silberstücke sind der vom Propheten verlangte Lohn bei den Schafhändlern, welche die Mächtigen im Land vertreten.[12] Gleich nachdem Sacharja das Geld bekommt, befiehlt ihm Gott, es in den Tempelschatz zu werfen. Ähnlich handelt Judas (Mt 27,5), aber die Hohenpriester legen das Geld nicht in den Tempelschatz, sondern sie beschließen, einen Acker davon zu kaufen (Mt 27,7). Durch diese Variante im Bezug auf Sach 11,13 wird eine Brücke zum weiteren Verlauf der Erzählung geschlagen, nachdem Judas weggegangen ist und sich erhängt hat (Mt 27,5).

Der Kauf des Ackers ist bedeutsam, weil hier die einzige (wörtliche) Übereinstimmung mit Apg 1,16–20 vorliegt. Eigentümlich sind die Details über den Acker. Er war der „Töpferacker“ (27,7), aber in der Zukunft soll er als Begräbnisplatz für die Fremden in Jerusalem dienen. Der Acker wird „bis heute Blutacker“ genannt, wahrscheinlich weil er mit „Blutgeld“ (Mt 27,6) gekauft wurde. Apg 1,19 bietet dazu eine andere Erklärung.

Das in Mt 27,9f zitierte Wort des Propheten Jeremia ist eine Zusammensetzung von verschiedenen Textstellen, aber nicht nur aus dem Buch des Propheten Jeremia. „Und sie nahmen die dreißig Silberstücke“, entspricht Sach 11,13c nach der griechischen Übersetzung des Alten Testaments (so genannte „Septuaginta“, abgekürzt LXX). „Den Preis für den Geschätzten, wie er von den Söhnen Israels abgeschätzt

---

[12] Die Summe entspricht dem vom Gesetz festgesetzten Preis für den Kauf eines Sklaven (vgl. Ex 21,32).

war“, ist von Sach 11,13b beeinflusst (auch nach LXX): „Und schaue, ob es wertvoll ist, wie es von ihnen eingeschätzt wurde.“ „Wie es mir der Herr aufgetragen hat“, erinnert an: „Und der Herr sprach zu mir“ in Sach 11,13a.

Es bleibt nur das Motiv vom Töpferacker – „und gaben sie für den Töpferacker“ –, das allein auf das Buch Jeremia zurückgeht, allerdings nicht als wörtliches Zitat. In Jer 18,3 geht der Prophet in das Haus des Töpfers, um dort das Wort Gottes zu verkünden. In Jer 32,9 (= LXX Jer 39,9) kauft der Prophet einen Acker in Anatot, einem Dorf in der Nähe von Jerusalem, für den Preis von siebzehn Silberstücken. Offenbar verband Matthäus beide Themen und fügte sie mit den anderen Worten aus Sacharja als Zitat aus Jeremia zusammen.

Die Bildung des Prophetenzitats durch den Evangelisten erläutert nicht nur das Ende des Judas, sondern es spricht ein hartes Urteil über das Volk, das Jesus verurteilt hat. Die Juden sind nun die „Söhne Israels“, die weder bei Sacharja noch bei Jeremia in den zitierten Worten erwähnt wurden. Der Preis für die Auslieferung Jesu wurde von ihnen geschätzt, und somit machen sie sich schuldig an seinem Tod.[13] Der einstige Töpferacker, der von nun an „Blutacker“ heißen soll, wird immer an den schrecklichen Tod dessen erinnern, der Jesus ausgeliefert hat.[14]

---

[13] Zu einer detaillierten Deutung des Zitats vgl. *H.-J. Klauck,* Judas 98–101.

[14] Eine Parallele bietet der tragische Tod Ahitofels, der sich auf die Seite Abschaloms schlägt und David verrät (2Sam 17,1–16). Als er merkt, dass Abschalom seinem Rat nicht folgt, kehrt er in sein Haus zurück und erhängt sich (2Sam 17,23).

Mit Hilfe weniger alttestamentlicher Zitate gestaltet Matthäus geschickt und eindrucksvoll ein sinnvolles Ganzes. Der Frage nach seinem historischen Kern werden wir nach einem Blick auf die lukanische Fassung nachgehen.

■ Apg 1,16–20

Die Rede des Petrus Apg 1,16–22 begründet die Notwendigkeit, einen Nachfolger für das Apostelamt zu wählen, von dem sich Judas abgewandt hat (1,25). Als das Los auf Matthias fällt, wird er den elf Aposteln zugerechnet. Das Anliegen der Rede ist ekklesiologisch. Die lukanische Gemeinde ruht auf dem Fundament der zwölf Apostel (vgl. Eph 2,20), und erst dann, wenn sie so konstituiert ist, kann der Heilige Geist herabkommen (Apg 2,1–13), der die Zeugen des Herrn bis an die Grenzen der Erde führen wird (Apg 1,8).

Der Abschnitt beginnt mit einer Anspielung auf die Schrift (1,16), die durch das Zitat am Schluss (1,20) ergänzend verdeutlicht wird. Der Leser weiß, dass mit dem „Schriftwort, das der Heilige Geist durch den Mund Davids gesprochen hat" (V16), die Psalmen gemeint sind. Dass die Psalmen von David stammen, war nämlich gemeinsame Überzeugung von Juden und Christen. Die Worte aus Ps 69,26 und Ps 109,8 (V20) bestätigen dies.

*V16b: Die Charakterisierung des Judas, als „Anführer derer, die Jesus festnahmen", spielt auf Lk 22,47 an: Judas ging der Schar voran, die Jesus festnehmen wollte (Lk 22,54).

*V17: Dass Judas „zu uns gezählt wurde", entspricht den Angaben in Lk 22,3 und 22,47: Er war einer der Zwölf. Sein „Anteil an diesem Dienst" bezieht sich auf sein Mitwirken im Kreis der Apostel. Vor der Wahl der Matthias bitten die

Apostel um ein Zeichen Gottes, um den zu wählen, der anstelle des Judas „diesen Dienst und dieses Apostolat" übernehmen soll. Dieser hat sich nämlich davon entfernt und ist zu „seinem eigenen Ort" gegangen (Apg 1,25). Die Wendung weist auf den zuvor erzählten Tod des Judas hin (1,18b).

*V18: Eine kurze Aussage fasst die Ereignisse zusammen, nachdem Judas sich von Jesus getrennt hatte. Mit seinem Sündenlohn (eigentlich dem „Lohn für den Frevel"), d. h. mit dem Geld, das er von den Hohenpriestern erhalten hatte (Lk 22,5), kaufte er sich ein „Grundstück". Das griechische Wort χωρίον [chorion] lässt sich so übersetzen, aber auch mit „Landgut". Die Wiedergabe mit „Grundstück" passt zu V19: Das Grundstück wird „Blutacker" genannt. Die Übersetzung mit „Landgut" kann die Todesart besser erklären und wird durch das Zitat in V20: „Seine Wohnstätte soll veröden", bestätigt. In beiden Fällen bleiben Fragen offen. – Die wenigen Angaben zum Tod des Judas verfehlen ihre Absicht nicht, dem Leser vor Augen zu führen, was für eine furchtbare Todesart er erleiden musste: „Er stürzte kopfüber, barst auseinander, und alle seine Eingeweide fielen heraus".[15] Das drastische Geschehen setzt voraus, dass Judas aus einer beachtlichen Höhe herabstürzte, sonst ist eine derartige Folge nicht möglich. Die Autoren, die an ein „Landgut" denken, nehmen an, dass Judas vom Dach des

[15] Bekanntlich folgt die Schilderung dem Muster von der Bestrafung des Gottlosen. Vgl. Weish 4,19: „Denn er wird sie lautlos kopfüber hinabstürzen und bis auf den Grund erschüttern; sie werden vollständig vernichtet und müssen Qual erdulden, und ihr Andenken wird verschwinden."

Hauses hinabgestürzt sei. Bei der Wiedergabe mit „Grundstück“ lässt sich das Ereignis nicht erklären ohne den Verweis auf einen Felsen oder ein Ausrutschen auf einer Höhe.

Die Unterschiede zur matthäischen Fassung sind unübersehbar: 1. Judas bringt das Geld nicht zu den Hohenpriestern zurück; 2. er selbst und nicht die Hohenpriester kauft das Grundstück; 3. er begeht nicht Selbstmord, sondern stirbt an den Folgen eines schweren Unfalls.

*V19: Die Angabe, dass der Tod des Judas allen Bewohnern von Jerusalem bekannt wurde, ist eine Übertreibung, die die Umstände seines Todes als Bestrafung deutet. Es überrascht, dass ausgerechnet Lukas die griechisch transkribierte aramäische Form „Hakeldamach“ bringt, während Matthäus die entsprechende griechische Wendung bietet. Diese Einzelheit weist auf die Übernahme einer alten Überlieferung hin. In der Nähe von Jerusalem gab es offenbar einen Acker dieses Namens. Die Bezeichnung wird nun auf die Todesart des Judas zurückgeführt, weil das Blut seines zerborstenen Leibes den Boden getränkt hat.

*V20: Die beiden Zitate aus den Psalmen sind mit kleinen Änderungen, die den ursprünglichen Sinn nicht beeinträchtigen, wahrscheinlich der griechischen Fassung der Schrift (LXX) entnommen. In Ps 69,26 bedeutet griech. ἔπαυλις [hepaulis] eindeutig „Landhaus“, „Landgut“ (vgl. V18). Auf jeden Fall hinterlässt Judas keine Spur: Niemand soll darin wohnen. Das Wort aus Ps 109,8 wird sich durch die Wahl des Matthias, der den Dienst des Judas im Zwölferkreis übernimmt, erfüllen.

Lukas hat das Ende des Judas nicht im Evangelium erzählt, denn dort wäre es nur eine vereinzelte Episode geblieben. Am Anfang der Apostelgeschichte hingegen gehört die

Erzählung zum theologischen Fundament des Werkes, das die Zeit der Kirche mit der Wiederherstellung des Zwölferkreises und mit der Herabkunft des Geists beginnen lässt.

Beiden Fassungen über das Ende des Judas ist die entscheidende Rolle der Schrift gemeinsam, wenngleich dies auf unterschiedliche Weise ausgeführt wird. Matthäus deutet die Ereignisse nicht allein im Licht der Schrift aus, sondern lässt sich vielmehr von der Schrift leiten, das Geschehen zu schildern, ohne es allerdings zu explizieren. Erst die Analyse konnte zeigen, welche Bedeutung der Stelle Sach 11,12f in diesem Abschnitt zukommt. Lukas deutet den Tod des Judas von vornherein mit Hilfe zweier Psalmen-Zitate und ordnet dadurch die Geschichte in sein theologisches Konzept ein.

Die einzige Übereinstimmung in beiden Texten ist der Begriff „Blutacker“. Die Ausdrucksweise ist typisch für eine so genannte „Ortsätiologie“, d. h. für eine Erzählung, die den Namen eines bestimmten Ortes erklären will. Ausgehend von dieser Bezeichnung „Blutacker“ – so wird der Acker geheißen haben, bevor er in die christliche Überlieferung aufgenommen wurde – beschreiten die beiden Autoren jedoch unterschiedliche Wege, das Ende des Judas zu schildern. Ihr Ziel dabei ist dasselbe. Es geht um den Nachweis, dass der Frevler von Gott durch einen schrecklichen Tod bestraft wird. Wenn das schon allgemein gilt, wird die Bestrafung jenes Menschen umso größer sein, der Jesus seinen Feinden auslieferte. Nach diesen Prämissen konnte Judas nicht anders enden, als es erzählt wird. Dass der Inhalt der Erzählungen voneinander abweicht, beeinträchtigt die Zielsetzung in keinerlei Weise.

Es liegt auf der Hand, dass eine Harmonisierung der beiden Versionen nicht möglich ist, ohne den Texten Gewalt anzutun bzw. ohne in skurrile Spekulationen zu verfallen. Die literarische und traditionelle Eigenart beider Texte ist darüber hinaus wenig geeignet, von ihnen historische Information zu erwarten.

Als Schlussfolgerung müssen wir feststellen, dass über das Ende des Judas keine zuverlässige Information vorliegt. Es ist mit der Möglichkeit zu rechnen, dass er sich nach seiner Beteiligung an der Festnahme Jesu von den anderen Jüngern trennte und mit der christlichen Gemeinde später keinen Kontakt unterhielt. Wohin er anschließend gegangen ist, was er tat und wie er gestorben ist, entzieht sich völlig unseren Kenntnissen.[16]

Als die Jesusüberlieferung schriftliche Gestalt annahm, wusste niemand Bescheid über seinen weiteren Weg. Dass man dennoch über sein Ende nachdachte und dabei die oben analysierten Fassungen entstanden sind, gehört somit zur Wirkungsgeschichte des Judas. Diese fragt aber nicht nach seinem Geschick, sondern sie schreibt Geschichte auf der Grundlage von Eckdaten, die wesentlich von der Geschichte Jesu bestimmt sind: Wer den Herrn ausgeliefert hat, verdient eine grausame Bestrafung.

---

[16] Vgl. *H.-J. Klauck*, Judas 121–123; *M. Meiser*, Judas 99.

2. Das Johannesevangelium

Die Besonderheit des vierten Evangeliums spiegelt sich auch in der Weise, wie es die Gestalt des Judas darstellt. Das bedeutet allerdings nicht, dass es keine Berührungspunkte mit den Synoptikern gibt, sondern dass auch sie eine typisch johanneische Prägung aufweisen. Grundsätzlich lässt sich bei Johannes ein gesteigertes Interesse an der Person des Judas feststellen.

2.1 Das Wissen Jesu über Judas

Im Unterschied zu den Synoptikern enthält das Johannesevangelium keine Namensliste der zwölf Apostel, sodass Judas in diesem Zusammenhang nicht auftaucht, obwohl er als „einer der Zwölf" bezeichnet wird (Joh 6,71). Er tritt aber nicht erst im Rahmen der Leidensgeschichte in Szene, sondern schon zuvor. Das hängt nicht zuletzt mit dem eigentümlichen Raum- und Zeitschema des Evangelisten zusammen.

Jesus geht nach Johannes nicht erst nach einer ausgedehnten Wirksamkeit in Galiläa nach Jerusalem hinauf. Der Ortswechsel zwischen Galiläa und Jerusalem ereignet sich plötzlich, mitunter auch unvermittelt: Zum ersten Mal besucht Jesus Jerusalem anlässlich des Paschafestes, und zwar schon in 2,13. Nach seiner Rückkehr nach Galiläa durch Samaria (Joh 4) ist er plötzlich wieder in Jerusalem zum Zeitpunkt eines nicht näher präzisierten jüdischen Festes (5,1). Ebenso plötzlich taucht er wieder am See von Galiläa am Anfang des 6. Kapitels auf.

Die Ordnung der Kapitel 5, 6 und 7 ist offenbar durcheinander geraten.[17] Wie auch immer, Judas findet erstmals Erwähnung am Ende von Kap. 6 nach Jesu langer Rede vom himmlischen Brot (6,31–58), d. h. noch in Galiläa, aber unmittelbar vor dem letzten Szenenwechsel, als Jesus nach Jerusalem zur Zeit des Laubhüttenfestes hinaufgeht (7,14).

Der Abschnitt Joh 6,60–71 schildert eine Situation, die für eine Gruppe, die sich in einer Krise befindet, geradezu typisch ist. Das Wort Krise (griech. κρίσις [krisis]) bedeutet ursprünglich „Gericht“, „Urteil“, „Entscheidung“. Wenn eine Krise aufbricht, muss man zum richtigen Urteil kommen, um sich entsprechend zu entscheiden.

Die Worte Jesu und seine Selbstdarstellung als das vom Himmel herabgekommene Brot haben die Krise herbeigeführt. Die Reaktion der Jünger lässt das erkennen (6,60): „Diese Rede ist hart. Wer kann sie hören?“ Die Antwort Jesu darauf entschärft die Lage nicht (6,63b–64a): „Die Worte, die ich zu euch gesprochen habe, sind Geist und sind Leben. Aber es gibt unter euch einige, die nicht glauben.“ In verdeutlichender Parenthese fügt der Evangelist hinzu (6,64b): „Jesus wusste nämlich von Anfang an, welche es waren, die nicht glaubten, und wer ihn ausliefern würde.“ Die unerwartete Anspielung auf Judas wird durch den folgenden Abschnitt verständlich.

Als wären alle anderen Jünger weggegangen, wendet sich Jesus an die Zwölf mit der herausfordernden Frage, ob sie auch weggehen wollen (6,67). Die Haltung der Jünger

---

[17] Zum Problem und zu den Lösungsansätzen vgl. *R. Schnackenburg*, Das Johannesevangelium, Bd. 2 (HThK.NT IV,2), Freiburg u. a. 1971, 6–11.

vertritt Petrus mit seinem Bekenntnis: „Wir haben geglaubt und erkannt, dass du der Heilige Gottes bist“ (6,69f). In scharfem Kontrast dazu spielt Jesus noch einmal auf Judas an: „Einer von euch ist ein Teufel“ (6,70b). Der Evangelist fügt nun eine weitere Erklärung hinzu, um sicher auszuschließen, dass der Leser seine Andeutung nicht versteht: „Das sagte er über Judas Iskariot. Denn dieser sollte ihn ausliefern, einer der Zwölf“ (6,71).

Bei der Deutung setzen wir bei 6,70 an.

*V70: „Habe ich euch, die Zwölf, erwählt? Und doch ist einer von euch ein Teufel.“

Der erste Teil der Aussage nimmt synoptische Überlieferung auf (Mk 3,13–19; 14,10; Mt 10,1–4; 26,14; Lk 6,12–16; 22,3). Keiner der Evangelisten sagt etwas über die Umstände aus, unter denen sich Judas und Jesus begegneten, und wie Judas dazu kam, bei Jesus zu bleiben.

Hier wird die gnadenhafte Initiative Jesu betont: Er hat die Zwölf erwählt. Wie es in Joh 13,18 heißt: „Ich weiß, welche ich erwählt habe.“ Nur wenn man sich diesen Aspekt vergegenwärtigt, kommt die Spannung mit dem zweiten Teil der Aussage voll zum Vorschein: Einer von euch ist ein Teufel.

Um den Sinn dieses harten Verdikts zu verstehen, ist es erforderlich, den Sprachgebrauch des Evangelisten zu berücksichtigen.

Das Wort Teufel (griech. διάβολος [diabolos]) kommt im Johannesevangelium sonst nur in 8,44 und in 13,2 – hier auch im Zusammenhang mit Judas – vor. Nach dem Wort 8,44 haben die Juden den Teufel zum Vater und darum wollen sie das vollbringen, was ihr Vater begehrt: Jener war nämlich *„von Anfang an* ein Menschenmörder." Die Juden selbst bringen den Beweis ihrer Verwandtschaft mit dem Teufel, weil sie Jesus töten wollen (8,40).[18]

Zum Verständnis der Stelle trägt auch ein Blick auf 1Joh 3,8 bei: „Wer die Sünde tut, ist vom Teufel; denn der Teufel sündigt *von Anfang an.*" Demgemäß schlüpfte der Teufel selbst in die Gestalt der Schlange, die den Menschen zu Fall brachte und, im tieferen Sinn, seinen Tod verursachte. So auch Weish 2,24: „Durch den Neid des Teufels kam der Tod in die Welt." Joh 8,44 aktualisiert diese Überlieferung im Hinblick auf das Verhältnis zwischen Jesus und den Juden. Diese sind mit dem Teufel verwandt, weil sie nicht an Jesus glauben und ihn töten wollen.

Wenn der johanneische Jesus von Judas behauptet, er sei ein Teufel (6,70b), gebraucht er den Begriff analog seiner Verwendung in 8,44. Wenn Judas seinen Meister ausliefert, offenbart er seinen Unglauben, der einem Bruch mit Jesus gleichkommt. Die Auslieferung ist der erste Schritt, der zu Verurteilung und Hinrichtung Jesu führen wird. Damit übernimmt Judas die Rolle, die ihn dem Teufel, dem „Menschenmörder", der von Anfang an sündigt, gleichstellt. Logischerweise betrifft diese Gleichsetzung auch die Juden, die wie er Jesus ablehnen und ihn verurteilen.

---

[18] Das Urteil über die Juden an dieser Stelle ist aber keine pauschale Verurteilung. Der Evangelist differenziert: „Das Heil kommt von den Juden", behauptet der johanneische Jesus (4,22). Es gibt Juden, die an Jesus glauben (7,30.40; 8,30f). Die Rede über die Juden im Johannesevangelium ist dann sehr negativ, wenn sie als Vertreter des Unglaubens und der gewaltsamen Ablehnung Jesu auftreten (vgl. 7,30.32.44; 8,20.59; 10,39; 11,57). Das ist auch hier der Fall.

*Joh 6,64b; 6,71; 13,11. Bei den drei Stellen, die das Wissen Jesu über die Absicht des Judas betonen, handelt es sich um Erklärungen des Evangelisten. Ihre Funktion ist „metanarrativ“, weil sie den Erzählduktus unterbrechen, um das Erzählte auszudeuten. Sie sind Bestandteil des Textes, aber in besonderer Weise sind sie „leserorientiert“. Obwohl der Text von den Adressaten – Christen an der Wende zum 2. Jahrhundert – nicht missverstanden werden konnte, vergewissert sich der Verfasser durch seine „Kommentare“, dass seine Botschaft richtig interpretiert wird.

Der Vorgang zeigt, wie wichtig dem Evangelisten das Thema vom Vorauswissen Jesu über die Absicht des Judas war. Das Vorauswissen Jesu wird auch an anderen Stellen im Evangelium betont: Ohne Natanael zuvor gesehen zu haben, weiß Jesus, wer er ist (1,47f). Jesu distanzierte Haltung gegenüber jenen, die durch seine Wunder zum Glauben an ihn kamen, wird durch sein Wissen begründet: „Er wusste, was im Menschen ist“ (2,25). Er weiß, dass die Samariterin mit ihrer Aussage „Ich habe keinen Mann“ ihm nur teilweise die Wahrheit gesagt hat (4,17f). Ob es sich um die Art und Weise handelt, den vielen Menschen zu essen zu geben (6,6), oder um die Stunde, von dieser Welt zum Vater hinüberzugehen (13,1; 17,1), oder um die Ereignisse bei seiner Verhaftung (18,4): Jesus weiß alles im Voraus.

Das eigentümliche Wissen Jesu steht im Johannesevangelium nicht isoliert, sondern ist Bestandteil einer hoch entwickelten Christologie. Ein Vorauswissen über künftige Ereignisse, die später entsprechend diesem Wissen erfolgen, klingt deterministisch. Es wäre dennoch verfehlt, dem Evangelisten die Absicht zu unterstellen, eine deterministische Sicht der Ereignisse dargestellt zu haben. Ebenso wenig wird die Frage nach der Verantwortung bzw. nach der Freiheit des Judas bei seinem Handeln tangiert. Die Person des Judas bietet dem Evangelisten lediglich die Gelegenheit, einen typischen Zug seiner Christologie mit Nachdruck hervorzuheben.

2.2 Judas, der Dieb

Die Erzählung von der Salbung Jesu wird von den vier Evangelisten überliefert (Mk 14,3–9; Mt 26,6–13; Lk 7,36–50; Joh 12,1–11). Während die Fassungen des Markus und Matthäus weitgehend parallel verlaufen, scheint Lukas einer eigenen Überlieferung zu folgen. Eine Einzelheit ist allen vier Fassungen gemeinsam: Die Frau salbt die Füße Jesu mit einem kostbaren Parfüm. Mk 14,5 und Joh 12,5 stimmen in der Angabe überein, dass der Preis dafür 300 Denare betrug. Nach den damaligen Wirtschaftsverhältnissen war das der Lohn eines Arbeiters in zehn Monaten.

Die Reaktionen der Anwesenden angesichts dieser überzogenen Großzügigkeit sind verständlich: „Wozu diese Verschwendung?“ Nach Mk 14,4 sind es „einige“, die so reagieren. Nach Mt 26,8 sind es die Jünger.[19] Alle sind der Meinung, es wäre besser gewesen, das Parfüm zu verkaufen und den Armen den Erlös zukommen zu lassen.

---

[19] Lk 7,36–50 stellt die Szene anders dar, weil die Frau, die Jesus die Füße salbt, eine bekannte Sünderin ist. Das Thema von der Verschwendung wird hier von einer weit brisanteren Frage verdrängt: Wäre Jesus ein Prophet, müsste er wissen, von welcher Frau er sich berühren lässt (7,39).

In Joh 12,5 sind es nicht die Jünger, die über eine bessere Verwendung des Parfüms nachdenken, sondern Judas: „Warum hat man dieses Öl nicht für 300 Denare verkauft und das Geld den Armen gegeben?" Wie in 6,64b und 6,71 fügt der Evangelist eine erläuternde Bemerkung hinzu: „Das sagte er nicht, weil er sich um die Armen kümmerte, sondern weil er ein Dieb war. Er verwaltete nämlich die Kasse und veruntreute die Einnahmen." (12,6)

Es ist dies die einzige Stelle, in der über eine spezifische Aufgabe des Judas innerhalb des Zwölferkreises berichtet wird. In der gemeinsamen Kasse wurde das Geld gesammelt, das Sympathisanten der Jesusgruppe zukommen ließen.

Ebenfalls nur an dieser Stelle wird Judas als Dieb bezeichnet. Beachtet man den Umstand, dass das Johannesevangelium nichts von der Vereinbarung des Judas mit den Hohenpriestern berichtet[20], lässt sich ein Zusammenhang zwischen beiden Detailbeobachtungen (für die Kasse zuständig; Dieb) herstellen: Als das Evangelium seine Endgestalt annahm, wird vielen Christen die Geschichte des Judas bekannt gewesen sein, sei es durch die synoptischen Evangelien, sei es durch mündliche Überlieferung. Der Evangelist durfte also voraussetzen, dass auch die Episode seiner Vereinbarung mit den Hohenpriestern bekannt war. Die Brandmarkung des Judas als Dieb wäre in diesem Fall eine Art Ergänzung zu den Angaben der Synoptiker. Judas, der Dieb, liefert seinen Meister aus Geldgier aus.

Das Thema kommt nur an dieser Stelle vor. Keiner der anderen Evangelisten kennt es. Abgesehen davon ist die Deutung des Judas als eines Diebes, der zugleich zu den

---

20 S.o. S. 17ff.

Jüngern Jesu zählt und ihm nachfolgt, wenig plausibel. Der Evangelist selbst wird die Dinge anders darstellen.[21]

2.3 Die Stunde der Finsternis

Die Texte, die in diesem Abschnitt berücksichtigt werden, gehören zum ersten Teil von Joh 13, bis Judas den Raum verlässt, in dem er mit Jesus und den anderen Jüngern versammelt war (13,1–30).

> 2 Es fand ein Mahl statt, und der Teufel hatte Judas, dem Sohn des Simon Iskariot, schon ins Herz gegeben, ihn auszuliefern.

Im Kontext von 13,1–4 wirkt das Wort wie ein Fremdkörper. In 13,1 und 13,3 ist von einem Wissen Jesu die Rede[22], das sich zuerst auf die Stunde bezieht, von dieser Welt zum Vater hinüberzugehen, sodann auf seine Beziehung zum Vater – er hat seinem Sohn alles in seine Hände übergeben; dieser kommt von Gott her und kehrt zu Gott zurück. Die Feststellung dieses zweifachen Wissens dient als Vorbereitung auf die eigentliche Handlung, die in 13,4 ansetzt: Jesus steht vom Mahl auf, um den Jüngern die Füße zu waschen (13,4–17).

Das Thema der Auslieferung kommt deutlich erst in 13,21 zur Sprache, als Jesus ankündigt, dass einer der Jünger ihn ausliefern wird. Auch in diesem Zusammenhang er-

---

[21] S.u. S. 50.

[22] Beide Stellen bieten im Griechischen die partizipiale Form εἰδώς [eidos]: „da er wusste"; vgl. auch Joh 13,11.

scheint das Motiv vom Wirken des Teufels in Judas, aber diesmal nicht isoliert: „Und nach dem Bissen fuhr dann der Satan in jenen." (13,27)

Diese Beobachtungen zeigen, dass 13,2 zum Teil eine unnötige Wiederholung ist, zum Teil im Widerspruch zu 13,27 steht. Wenn eine spätere Hand dieses Wort eingebracht hat[23], welche Absicht war dabei maßgebend?

Die wahrscheinlichste Erklärung – auch die häufigste – ist, dass der Redaktor schon am Anfang der thematischen Einheit auf den dramatischen Höhepunkt der Ereignisse hinweisen wollte: Judas trennt sich von Jesus, um ihn auszuliefern.

Joh 13,18f:

> 18„Das sage ich nicht über euch alle. Ich weiß, wen ich erwählt habe, aber die Schrift muss sich erfüllen: ‚Wer mit mir das Brot aß, hat seine Ferse gegen mich erhoben.'
> 19Ich sage euch das, bevor es geschieht, damit ihr, wenn es geschehen ist, glaubt, dass ich es bin."

Der Abschnitt leitet von der Deutung der Fußwaschung (13,12–17) zum gemeinsamen Mahl über (13,21–30). Die Deutung endete mit den Worten: „Wenn ihr das wisst, selig seid ihr, wenn ihr danach handelt" (13,17). Gleich darauf (V18) schränkt Jesus seine Aussage ein. Die Einschränkung

---

[23] Es gibt mehrere Hinweise auf das Eingreifen eines späteren Redaktors, der einige Unordnung gestiftet hat. Die folgenden Beispiele belegen eindeutige Fälle: Joh 3,23: Jesus tauft; 4,2: die Jünger taufen, nicht Jesus; 5,45–47: die Fortsetzung der Rede erfolgt in 7,19; 14,31: der Aufforderung Jesu folgt die Realisierung nicht in 15,1, sondern erst in 18,1.

ist auf Judas bezogen. Er wird nicht im Kreis der Jünger Jesu bleiben, und deswegen wird er auch nicht wie diese handeln. Jesus weiß zwar, wen er erwählt hat, aber die Erwählung ist nicht ein für allemal gegeben. Die Stelle 6,70 hat dies deutlich gemacht.

Mit Hilfe eines leicht geänderten Schriftzitates wird die Haltung des von Jesus erwählten Jüngers beleuchtet, der im Begriff ist, ihn auszuliefern. Ps 41 ist die Klage eines Kranken, der sich allein und verlassen fühlt. Sogar sein Freund, der mit ihm das Brot aß, hat sich gegen ihn gestellt, nun ist es, als würde er ihm heimtückisch einen Fußtritt geben (Ps 41,10).[24] In Judas und seiner Haltung gegenüber Jesus erfüllt sich die Schrift. Da der Anfang von Ps 41,10 auch von Mk 14,19 zitiert wird, kann man schließen, dass die Stelle in urchristlichen Kreisen schon als Schriftbeweis im Zusammenhang mit Judas Iskariot verwendet wurde.

Für den Evangelisten gibt es einen anderen Aspekt, der noch wichtiger ist als die Erfüllung der Schrift. Jesus vermag alles vorauszusagen, weil er alles im Voraus weiß. In der Stunde bevor Judas ihn ausliefert, drücken seine Worte die göttliche Würde des Offenbarers aus. Wenn eintritt, was Jesus jetzt vorhersagt, sollen die Jünger dadurch nicht in ihrem Glauben wanken, vielmehr öffnet ihnen das Geschehen die Möglichkeit einer vertieften Glaubenseinsicht: Ihr werdet glauben, dass „ich es bin".

Das absolut gebrauchte „Ich bin" – hier nicht mit einer Prädikation wie „Ich bin das Licht", „Ich bin der gute Hirt" versehen – ist keine Identifikationsformel, wie wenn sich eine Person, die man nicht kennt, vorstellt. Hier und an ande-

[24] Die genaue Bedeutung des Bildes ist umstritten.

ren Stellen (8,24.28.58) geht es um die Teilhabe des Offenbarers an der Heil bringenden göttlichen Wirklichkeit. Der Evangelist legt Jesus eine Wendung in den Mund, die im Alten Testament als Selbstoffenbarung Gottes gebraucht wurde (vgl. Jes 43,10: Ihr seid meine Zeugen, spricht der Herr, und meine Knechte, die ich erkoren habe, damit man erkennt und mir glaubt und einsieht, dass „ich es bin").

Bei der Analyse von Joh 6,64b und 6,71 wurde die Bedeutung des Wissens bei Jesus herausgestellt. Auch nach Mk 14,21 und Mt 26,24 brachte die Auslieferung des Menschensohnes die Schrift in Erfüllung. Im Vergleich zu diesen Stellen, aber auch zu Mt 27,9 und Apg 1,20, enthält Joh 13,18f einen eigenen Akzent. Die Schrift geht hier in Erfüllung durch die Untreue von jemand, mit dem man das Brot gegessen hat und der jetzt wagt, sich gegen seinen Freund zu erheben.

Im so genannten „Hohenpriesterlichen Gebet" (Joh 17) taucht das Thema wieder auf: „Solange ich bei ihnen war, [...] habe ich sie behütet. Und keiner von ihnen ist verloren gegangen, außer dem Sohn des Verderbens, damit sich die Schrift erfüllt" (17,12). Im Text spiegelt sich eine weit verbreitete Meinung über Judas wider, die sich der Evangelist zu Eigen macht.

Joh 13,21–30:

> 21Als Jesus das gesagt hatte, war er in seinem Innern sehr erschüttert und bezeugte: „Amen, amen, ich sage euch: Einer von euch wird mich ausliefern." 22Das schauten sich die Jünger gegenseitig an, weil sie nicht wussten, wen er meinte. 23Einer der Jünger lag bei Tisch an der Brust Jesu; es war der, den Jesus liebte. 24Simon Petrus nickte ihm zu

und sagte: „Sag, wen meint er mit dem, was er sagt?“ [25]Da
neigte sich jener an Jesu Brust zurück und fragte ihn: „Herr,
wer ist es?“ [26]Jesus antwortete: „Jener ist es, dem ich den
Bissen eintauchen und geben werde.“ Dann tauchte er den
Bissen ein, nahm ihn und gab ihn Judas, dem Sohn des Si-
mon Iskariot. [27]Als der den Bissen empfangen hatte, fuhr
der Satan in ihn. Und Jesus sprach zu ihm: „Was du tun
willst, tue bald.“ [28]Aber keiner von denen, die zu Tisch la-
gen, verstand, wozu er ihm das sagte. [29]Weil Judas die Kas-
se hatte, meinten einige, Jesus sage zu ihm: Kaufe ein, was
wir zum Fest nötig haben, oder er solle den Armen etwas
geben. [30]Doch als jener den Bissen genommen hatte, ging
er sofort hinaus. Es war aber Nacht.

Inhaltlich handelt es sich um die Szene der Bezeichnung des Verräters (Mt 26,21–25; Mk 14.18–21; Lk 22,21–23), die aber gegenüber den Synoptikern komplexer ausgemalt wird.

*V21: Der Ankündigung der Auslieferung geht die Feststellung der Erschütterung Jesu in dieser Stunde voraus (V21a). Dreimal berichtet das Johannesevangelium von einer Erschütterung Jesu: (1) In 11,33 als Reaktion auf die Trauer von Maria und den Juden wegen des Todes des Lazarus; (2) in 12,27 als Reaktion auf die heranrückende Stunde der Passion; (3) in 13,21, weil diese Stunde schon gekommen ist. – Die Ankündigung selbst (V21b) stimmt mit Mk 14,19 und Mt 26,22 wörtlich überein.

*V22: Anders als bei Mk 14,19 und Mt 26,22, wo die Jünger wegen der Ankündigung traurig werden und nach dem Urheber fragen, bleiben sie still in ihrer Ratlosigkeit. Andere treten nun in den Mittelpunkt.

*V23: Zum ersten Mal erscheint die Gestalt des Jüngers, „den Jesu liebte". Für die Leser des vierten Evangeliums wird er kein Unbekannter bleiben. Darum bedarf sein Auftreten keiner Erklärung. In seiner Haltung zeigt sich die Sonderstellung innerhalb des Zwölferkreises, die ihm zuerkannt wird: Er liegt nämlich an der Brust Jesu. Diese Vertraulichkeit, die an die Nähe des Logos als des einzigen Sohnes zu seinem Vater erinnert (1,18), weist auf seine Rolle als Offenbarer Jesu hin, wie der Logos der Offenbarer des Vaters ist.

*V24: Die Anerkennung dieser Rolle wird durch Petrus bestätigt. Ausgerechnet er, der sonst immer die Initiative ergreift, fordert ihn auf, er möge von Jesus erfahren, wer gemeint sei.

*V25: Die Haltung des Jüngers, der sich an die Brust Jesu zurückneigt und ihn fragt[25], garantiert die Vertraulichkeit der Mitteilung. Sogar Petrus, der ihn zur Frage bewogen hat, bleibt außerhalb des engen Kommunikationskreises zwischen Jesus und dem Jünger, den er liebt.

*V26: Die Entlarvung des Judas vollzieht sich „diskret" – nur Jesus und der Jünger wissen Bescheid –, aber die gesamte Szene ist weit dramatischer als in der synoptischen Darstellung (vgl. Mk 14,20; Mt 26,30; Lk 22,21). Das „verräterische" Zeichen ist hier nicht durch den gegeben, der mit Jesus gleichzeitig seine Hand in die Schüssel taucht. Jesus selbst bietet ihm einen Bissen[26], den er zuvor in die Schüssel eingetaucht hat. Er weiß nicht nur alles im Voraus;

---

[25] Darauf spielt Joh 21,20 an.

[26] Das griechische Wort ψωμίον [psomion] bedeutet allgemein „Bissen". Im Kontext des Mahles geht es um ein Stück Brot, das in die Schüssel getaucht wird.

er selbst leitet die Ereignisse ein, die zu seiner Auslieferung führen werden.

*V27–28: Nachdem Judas auf das Angebot Jesu hin den Bissen nahm, „fuhr der Satan in ihn“. Es handelt sich um die gleiche Überlieferung wie in Lk 22,3. Nach Joh 13,2 bewegt der Teufel das Herz des Judas dahin, Jesus auszuliefern. Hier ist die Ausdrucksweise eindeutiger: Satan bemächtigt sich des Judas durch seine Präsenz in ihm. – Der Sinn der Aufforderung Jesu an Judas, was er tun wolle, solle er bald tun (V27b), kann nur von Jesus, vom geliebten Jünger und von Judas richtig verstanden werden. Den anderen bleibt ihr Sinn verschlossen (V28).

*V29: Die Mutmaßungen der Jünger über den Sinn der Worte Jesu fördern ihr Unverständnis ans Licht. Sie meinen, Jesus habe Judas aufgetragen, für die Festtage einzukaufen oder den Armen etwas zu geben. Im Hintergrund steht die Beobachtung des Evangelisten über die Aufgabe des Judas als Verwalter der gemeinsamen Kasse (12,6) und die sich daraus ableitende Verantwortung für die Armen.

*V30: Die Handlung der Hauptpersonen wurde durch die Bemerkungen über die anderen Jünger in V28–29 unterbrochen. Die Fortsetzung betrifft nur Judas, und zwar mit zwei symbolisch beladenen Aussagen, die sich gegenseitig erhellen. Dass er den Raum verlässt, in dem er sich gemeinsam mit Jesus und den Jüngern aufhält, ergibt sich zwangsläufig aus der Aufforderung Jesu. Die anscheinend nebensächliche bzw. überflüssige zeitliche Bestimmung: „Es war aber Nacht“ (V30b), verweist jedoch auf einen tieferen Sinn, der durch die Lichtsymbolik bestimmt ist. Dort, wo Jesus weilt, ist auch das Licht (8,12). Sich von ihm zu trennen, bedeutet, sich der Finsternis hinzugeben. Solange Jesus in der Welt ist, ist er zugleich das Licht der Welt (9,5). Zwölf Stunden trennen das Licht des Tages von der Finsternis der Nacht (11,9f), aber der Mensch hat immer die Möglichkeit, die Finsternis mehr zu lieben als das Licht (3,19).

Zwei mögliche Motive des Judas, Jesus auszuliefern, wurden zuvor zumindest angedeutet: seine Geldgier, weil er ein Dieb war (12,6), sowie die Erfüllung der Schrift, wenn Judas seinen Freund ausliefert (13,18). Beim hier analysierten Text scheint der Evangelist den Blick auf den Punkt zu lenken, der sich einer Erklärung letztlich entzieht. Es ist das Geheimnis der menschlichen Freiheit, die sich gegen das Licht entscheidet, weil sie unbegreiflicherweise die Finsternis vorzieht.

2.4 Die Gefangennahme

Johannes hat in der soeben analysierten Passage einer Einzelheit Beachtung geschenkt, die von den Synoptikern beiseite gelassen wurde. Dort wird Judas nämlich nach der Bezeichnung als Verräter (Mk 14,20; Mt 26,23; Lk 22,21) bis zu dem Zeitpunkt nicht mehr erwähnt, als er im Garten Getsemani erscheint, um die Festnahme Jesu einzuleiten (Mk 14,43; Mt 26,47; Lk 22,47). Das setzt voraus, dass Judas irgendwann den Saal verlassen hat, in dem er mit Jesus und den anderen Jüngern das gemeinsame Mahl einnahm. Die Synoptiker aber verlieren darüber kein Wort.

Joh 18,2–5:

> 2Auch Judas, der ihn auslieferte, kannte den Ort, weil Jesus dort oft mit seinen Jüngern zusammengekommen war. 3Ju-

das holte die Soldaten und die Gerichtsdiener der Hohenpriester und der Pharisäer, und sie kamen dorthin mit Fackeln, Lampen und Waffen. [4]Jesus, der alles wusste, was kommen sollte, ging hinaus und sagte zu ihnen: „Wen sucht ihr?" [5]Sie antworteten: „Jesus von Nazareth". Auch Judas, der ihn auslieferte, stand bei ihnen.

Joh 13,30 markiert, wie wir gesehen haben, deutlich die Trennung des Judas von Jesus. Bevor der Evangelist Judas in der Gartenszene auftreten lässt (18,3), bemerkt er konsequenterweise, dass dieser den Ort kannte, in dem Jesus oft mit seinen Jüngern zusammenkam (18,2). Deswegen führte Judas jene dorthin, die Jesus festnehmen sollten.

Wie in Lk 22,27 führt Judas den Verhaftungstrupp an; doch im Unterschied zu Lukas führt er nicht eine zahlenmäßig nicht weiter gefasste „Schar" an, sondern eine „Kohorte", d. h. eine Abteilung von 600 Soldaten[27], als wäre er ein römischer Offizier, der seiner Truppe den Weg weist. Die Diener der Hohenpriester und Pharisäer begleiten sie.

In der Verhaftungsszene, die nun folgt, spielt Judas überhaupt keine Rolle mehr. Joh 18,5 erwähnt lediglich noch einmal, dass er auch dabeistand, als die Gruppe Jesus identifizierte.[28]

---

[27] Das griechische Wort σπεῖρα [speira] gibt das lateinische „cohors", Kohorte, wieder, d. h. der zehnte Teil einer „legio", Legion, also 600 von 6000 Soldaten.

[28] Auch diese Szene bringt die johanneische Christologie zur Geltung. Auf die Frage Jesu: „Wenn sucht ihr?" (18,4), antworten sie: „Jesus von Nazareth" (18,5). Mit einem einfachen „Ich bin es" gibt sich Jesus zu erkennen, aber auch diesmal ist es mehr als eine Identifikationsformel (vgl. 13,19). Kaum hat er es ausgesprochen, weichen sie zurück und

Es ist dies das letzte Mal, dass Judas im Johannesevangelium erwähnt wird. Wie Markus überliefert Johannes nichts von seinem weiteren Schicksal oder seinem Ende.

Mit Blick auf 13,30 wird verständlich, weshalb der Evangelist ab hier sein Interesse an der Gestalt des Judas verliert. Als Judas den Saal verlässt, trennt er sich von der Gegenwart des Lichts. Draußen wartet die Finsternis auf ihn. Vor diesem symbolischen Horizont gab es für den Evangelisten nichts mehr weiter über ihn zu berichten.

---

stürzen zu Boden (18,6), als seien sie einer geheimnisvollen Macht begegnet, der sie keinen Widerstand zu leisten imstande sind. Auch bei seiner Festnahme bleibt Jesus allein der Herr.

B. Die Gestalt des Judas: Geschichte und Deutungen

Der Überblick über die neutestamentlichen Zeugnisse zur Person des Judas konnte die verschiedenen Perspektiven und Interessen der Autoren auf dem Hintergrund unterschiedlicher Traditionen aufzeigen. Diese Aussagen bilden die unerlässliche Grundlage für jegliche Rekonstruktion einer Biographie des Judas, aber man darf sich nicht auf deren Zusammenfassung – noch weniger in harmonisierendem Zuschnitt – beschränken.

Will man diese Geschichte auch verstehen, stellt sich die Aufgabe, hinter den dürren Angaben nach den Konturen dieser Gestalt zu fragen, von der die Quellen erzählen.

1. Die Herkunft

1.1 Der Name

Über die Herkunft des Judas wissen wir wenig. Joh 6,71; 13,2 und 13,26 erwähnen seinen Vater: einen gewissen Simon.

In manchen Übersetzungen hat sich die Form „Iskariot" bzw. „Iskarioth" als Beiname eingebürgt. Die griechische Form Ἰσκαριώθ [Iskarioth] kommt in Mk 3,19; 14,10 und Lk 6,16 vor. An den anderen Stellen (Mt 10,4; 26,14; Mk 14,43; Lk 22,3; Joh 6,71; 12,4; 13,2.26) ist die deklinierte Form Ἰσκαριώτης [Iskariotes] belegt. Einige Textvarianten bezeugen Σκαριώθ [Skarioth] bzw. Σκαριώτης [Skariotes]. Die Varianten in der handschriftlichen Überlieferung lassen erkennen, dass in der Zeit der schriftlichen Fixierung der Tradition offenbar niemand mehr den ursprünglichen Sinn des Beinamens mit Sicherheit angeben konnte.

Für die unterschiedlichen Schreibweisen kommen zwei Erklärungen in Betracht.

In einem *ersten Deutungsversuch* geht man davon aus, dass die griechische Wortform die Transkription eines aramäischen bzw. hebräischen Wortes ist. In diesem Fall stünde hinter „Iskariot“ ursprünglich das hebräische „Ish Kariot“, nämlich „der Mann aus Kariot“, hier als Bezeichnung eines Herkunftsorts.[1] Gibt es aber einen Ort dieses Namens? Das Buch Josua erwähnt eine Stadt im Siedlungsgebiet des Stammes Juda namens Kerijot (Jos 15,25). Auch Am 2,2 und Jer 48,24 kennen eine Stadt mit dem gleichen Namen, jedoch nicht in Judäa, sondern im Gebiet der den Juden verhassten Moabiter, westlich des Toten Meeres.

Der Name Kerijot ist nur an diesen drei Stellen belegt, und es gibt keinen Hinweis, dass in der Zeit Jesu eine Stadt bzw. ein Ort dieses Namens existierte.[2] Das bedeutet allerdings nicht unbedingt, dass der Name nicht als traditioneller Rest weiter benutzt wurde, auch wenn er keinen aktuellen Bezugspunkt besaß.

Ebenfalls als Herkunftsbezeichnung, aber von den bisherigen Deutungen abweichend, interpretiert Günter Schwarz „Iskariot“, nämlich als Variante zum aramäischen „Ish Kir^{e}iath“, „der Mann aus der Stadt“, d. h. aus Jerusalem. Die Pluralform „Die Männer aus der Stadt“, so seine Begründung,

---

[1] Eine Handschrift aus dem 5. Jahrhundert (codex cantabrigiensis = D) hat den Namen in dieser Form verstanden. Anstelle Ἰσκαριώτης in Joh 6,71; 12,4; 13,2.26; 14,22 bietet sie ἀπὸ Καρυώτου, d. h. „aus Kariot“.

[2] Die griechische Übersetzung des Alten Testaments lässt an allen drei Stellen den Namen aus. Nur in einem Codex wird am Rand zu Am 2,2 und Jer 31(48),24.41 Καριώθ notiert.

sei in aramäischen Fassungen des Alten Testaments belegt (Gen 19,4; 24,13; Jos 8,14 u.ö.).[3] In zwei Punkten wirft dieser Erklärungsversuch Fragen auf: (1) die Veränderung der Vokale; (2) „der Mann aus der Stadt" war demzufolge ein Jerusalemer. Bei dieser Charakterisierung müsste der Name ziemlich geläufig und häufiger gewesen sein; ein zweiter „Iskariot" bzw. „Ish Kir^{e}iath" ist aber in den Quellen nirgends belegt.

Zu einem anderen Ergebnis kommt der *zweite Deutungsversuch*, der von der Form „Skarioth" (Σκαριώθ) ausgeht. Auch darin sei eine Transkription zu sehen, aber nicht aus dem Hebräischen bzw. Aramäischen, sondern aus dem lateinischen „sicarius", der den mit einer „sica" (Dolch) Bewaffneten bezeichnet. Der Terminus wurde nicht übersetzt, sondern griech. σικάριος [sikarios] und hebräisch (sikarim) übernommen.[4]

Wer damit gemeint war, dürfte im historischen Umfeld der Schrift bekannt gewesen sein. Es waren jene militanten Aktivisten unter den Zeloten, die sich, mit einem Dolch bewaffnet, während der Volksaufläufe bei großen Festen und Wallfahrten ihren Gegnern näherten, um sie niederzustechen; das Risiko, dabei entdeckt zu werden, war relativ gering.[5]

---

[3] Jesus 8–12. Vorher listet Schwarz neun bis jetzt in der Forschung vorgeschlagene Herleitungen des Terminus auf; seine eigene ist die zehnte.

[4] Die lateinische Herkunft des Wortes und das Zeugnis in der griechischen und hebräischen Literatur erst im 1. Jahrhundert nC. weisen auf den Entstehungsort des Begriffes hin: In Palästina im Zusammenhang mit der Bekämpfung der römischen Besetzung durch die Zeloten.

[5] Vgl. *M. Hengel,* Zeloten 47–51.

Nach dieser Deutung wäre auch Judas ein Sikarier gewesen. So wie unter den Jünger Jesu ein Zelot bezeugt ist, nämlich Simon der Kananäer (Mk 3,18; Mt 10,4; Lk 6,15)[6], so hätte auch ein Sikarier dort seinen Platz gefunden. – Das Problem, das diese Deutung aufwirft, ist philologischer Natur: Wie kann man die Abwandlung von „Sikarios" zu „Iskariot" bzw. „Iskariotes" plausibel erklären?

Diese knappe Übersicht bestätigt die Ansicht, dass der Beiname des Judas bislang nicht hat geklärt werden können, und es bleibt ungewiss, ob dies je der Fall sein wird.[7]

Eine höhere Plausibilität dürfte das Verständnis des Beinamens als Hinweis auf die geographische Herkunft des Namensträgers für sich beanspruchen. Aber damit ist kaum etwas gewonnen, weil unsicher ist, ob Kerijot damals noch eine geographische Bedeutung besaß.

Eine Herkunft des Judas aus Judäa[8], präziser aus Jerusalem, ist nicht ausgeschlossen, aber keineswegs sicher.[9]

---

[6] S.o. S. 14f.

[7] Gänzlich unwahrscheinlich ist eine Erklärung, die den Beinamen als nachösterliche Bildung betrachtet. Schon die Varianten sprechen für die Echtheit des Ausdrucks.

[8] Auch der Urheber der zelotischen Bewegung hieß Judas, mit dem Beinamen „der Galiläer".

[9] Anders *H.-J. Klauck,* Judas 42: „Judas gehört durch seine Herkunft und durch seine Tat auf die Seite des jesusfeindlichen Jerusalem und nicht zu Galiläa, der Heimstatt des Evangeliums". Klauck stützt sich dabei auf das Markusevangelium. Auch nach *G. Schwarz,* Jesus 31, war Judas der einzige Nichtgaliläer unter den Zwölfen, „und zwar als Jerusalemer – als ein Mann also, der den Ort und seine Örtlichkeiten kannte."

1.2 Der historische Hintergrund

Die Gestalt des Judas ist auch durch die historischen Faktoren bestimmt, welche die jüdische Gesellschaft in jener Zeit prägten. Judas und Jesus verstehen zu wollen, heißt, sie im Kontext der Geschichte zu betrachten. Nur vor diesem Hintergrund ist es möglich, eine Deutung über Judas zu wagen, die für sich historische Plausibilität beanspruchen darf.

Die Betrachtung der politischen Lage zur Zeit Jesu macht einen kleinen Umweg nötig, weil dies mit unserem Thema vordergründig wenig zu tun hat. Am Schluss wird sich aber hoffentlich herausstellen, dass sich der Umweg gelohnt hat.

Zu dem Zeitpunkt, als Jesus in die jüdische Geschichte eintrat, hatte das Volk eine lange Zeit der politischen Unterdrückung hinter sich. Seit der Rückkehr aus dem babylonischen Exil (583 vC.) hatten einander Großmächte abgelöst, die Israel beherrschten. Auf die Perser (538–333 vC.) folgten die Griechen (333–63 vC.), schließlich kamen die Römer. Palästina war besetztes Gebiet. In der Zeit der Unterdrückung ging es für die gläubigen Juden jedoch um viel mehr als den Verlust politischer oder wirtschaftlicher Freiheiten. Zwei Fragen standen im Zentrum:

1. Wann wird der von Gott gesandte Retter kommen, der dem Volk Freiheit und Wohlstand schenken würde, was den Vätern verheißen war?

2. Wenn nur Gott über Israel herrschen darf, wie soll sich der Gläubige gegenüber der römischen Besatzungsmacht verhalten, die nicht nur Steuern eintrieb und die politische Macht ausübte? War es erlaubt, sie zu tolerieren, oder musste man sie im Namen Gottes bekämpfen? Die Antwort auf diese

Fragen beschäftigte viele Juden und zeitigte zwei Phänomene, die als unmittelbar Reaktion darauf interpretiert werden können: ein gesteigerter Messianismus sowie die zelotische Bewegung. Wenn auch an sich unterschiedlich, so konnten sie eng miteinander verflochten auftreten.

Die Zeit Jesu ist von einer lebhaften *messianischen Hoffnung* gekennzeichnet. Die Verheißung an David (2Sam 7,12–16) war keineswegs vergessen. Im Gegenteil. Die Erfahrungen in einem besetzten Land gaben der Hoffnung neue Nahrung.

Die Frage, die Johannes der Täufer aus dem Gefängnis an Jesus richten lässt, ist die Frage, die am besten die Stimmung der jüdischen Gesellschaft wiedergibt (Mt 11,2; Lk 7,19): „Bist du es, der da kommen soll, oder müssen wir auf einen anderen warten?"

Nach den bitteren Enttäuschungen der Königszeit vor dem Exil, nach den Jahrhunderten politischer Unfreiheit blieb den Gläubigen nur diese Hoffnung, wollten sie nicht die Macht Gottes und ihre Wirksamkeit in der Welt gänzlich in Frage stellen.

Bereits im Keim enthält die messianische Hoffnung des Judentums auch eine sozial-politische Komponente, die ihr konstitutiv ist. Ein Messias, der die soziale Wirklichkeit unangetastet lässt und keine entscheidende Wende zum Guten herbeiführt, entspricht nicht dieser Hoffnung. Der erwartete Messias muss eine politische Rolle spielen, da er sich gerade darin als der von Gott Gesandte ausweist.

Zur Zeit Jesu entsteht die *zelotische Bewegung*. Judas der Galiläer, der nach dem jüdischen Historiker Josephus Flavius die Bewegung ins Leben rief[10], war Zeitgenosse Jesu. Schon bei der von Quirinius durchgeführten Steuerschätzung (vgl. Lk 2,1f) rief er das Volk zum offenen Aufruhr gegen die Maßnahme auf.

Die Bewegung suchte die Unabhängigkeit von der römischen Besatzungsmacht zu erreichen, wobei die Motivation dazu nicht rein politisch war. Noch wichtiger war ein theologischer Beweggrund: die Alleinherrschaft Gottes.[11] Da diese Herrschaft als alles umfassend verstanden wird, darf keine zu ihr in Konkurrenz stehende Macht geduldet werden. Judas der Galiläer handelte streng nach diesem Prinzip und hielt Steuerzahlungen an den Kaiser für ein Frevel.[12]

Wuchs der Widerstand auch durch lange Jahre hindurch stetig an, blieb er mit unterschiedlichen taktischen Konzepten auf einzelne Aktionen beschränkt. Die Sikarier etwa waren als „Stadt-Guerilla" organisiert, während andere Zeloten auf dem Land verstreut waren. Es wird Jahrzehnte dauern, bis es zu einer offenen Auseinandersetzung kommt, dem „Jüdischen Krieg" (66–70). Viele Jahre hindurch lebte die jüdische Gesellschaft in der spannungsvollen Erwartung der Ereignisse, von denen niemand genau vorhersagen konnte, was sie bringen würden. Dass sie eintreten würden, war indes sicher.

In diesem historischen Kontext muss man die Bewegung einordnen, die mit Jesus von Nazareth entsteht und der sich Judas anschließt.

---

10 Der jüdische Krieg 2,118.433.651 usw. – Zu Judas, dem Galiläer vgl. *M. Hengel,* Zeloten 79–85, 336–344.

11 Vgl. *M. Hengel,* Zeloten 93–111.

12 Ebd. 143–145.

Wie der Gründer der Zeloten ist auch Jesus Galiläer. Der Kern seiner Botschaft ist die Nähe der anbrechenden Gottesherrschaft. Die Botschaft beinhaltet keine abstrakte Wahrheit, sondern eine höchst konkrete. Das hebräische Wort „malkut" meint in diesem Zusammenhang nicht primär Reich, sondern „Herrschaft", die Ausübung von Königsmacht.

Dass Jesus kein politisches Ziel verfolgte, ist unbestritten, wiewohl sein Projekt politische Konsequenzen zeitigen musste. Hätte er den politischen Umsturz im Sinn gehabt, hätte er sich an die Zeloten gewandt, um von ihnen Unterstützung zu erhalten. Seine deutliche Absage an jede Form der Gewaltanwendung (Mt 5,38–42; Lk 6,29–30) war in der politischen Konstellation seiner Zeit unvereinbar mit politischen Absichten.

Dennoch konnte die Mitte der Verkündigung Jesu leicht zelotisch ausgelegt werden. Wenn die Gottesherrschaft im Begriff war anzubrechen, waren die Gläubigen somit aufgefordert, die Zeichen der Zeit zu erkennen und sich dem bewaffneten Widerstand anzuschließen.

Man kann nicht abstreiten, dass unter den Jüngern Jesu auch ein Zelot war: Simon, der Kananäer. Der Beiname ist dabei keine Herkunftsbezeichnung (kommt aus „Kana"), sondern geht auf aramäisch „kan^{e}an", Eifer, zurück. Mk 3,18 und Mt 10,4 haben die aramäische Form bewahrt. Lk 6,15 übersetzt das Wort ins Griechische, ζηλώτης [zelotes].

Wir wissen nicht, was Simon, den Zeloten, dazu bewog, Jesus nachzufolgen, aber im geschilderten historischen Kontext kann seine Entscheidung zumindest plausibel erscheinen. Die gleiche Frage ließe sich an die anderen Jünger und auch an Judas richten. Haben die Jünger die wahre Absicht Jesu verstanden, als sie ihm nachfolgten?

2. Der Konflikt

2.1 Die Voraussetzungen

Wie sehr Jesu Verkündigung und Handeln sich jeder vorschnellen Einordnung entziehen, können einige Beispiele verdeutlichen:

- Jesus verkündigt den baldigen Anbruch der Herrschaft Gottes (Mk 1,15), die mit der Frage der Macht unbestreitbar zusammenhängt, er selber aber verfolgt kein politisches Ziel.
- Jesus kommt nicht, das Gesetz aufzulösen (Mt 5,17), zögert aber nicht, sich in wichtigen Fragen der jüdischen Frömmigkeit (etwa die Sabbatruhe [Mk 2,27], die Vorschriften über das Fasten [Mk 2,18–20], Reinheitsgesetze [Mk 7,1–2]) über gesetzliche Bestimmung hinwegzusetzen.
- Ebenso wenig will Jesus die religiösen Strukturen seiner Zeit auflösen, aber er übt scharfe Kritik an den religiösen „Pathologien“ der Frommen (Lk 11,45–52).
- Jesus verkündigt mit allem Ernst die Gebote Gottes, aber er trifft sich mit öffentlichen Sündern – darunter auch mit Zöllnern, die die Steuern im Auftrag der Römer eintreiben –, ja er isst sogar mit ihnen (Lk 15,1–2).
- Jesus scheut nicht davor zurück, mit Frauen und Kindern in Kontakt zu treten (Mk 9,36f; 10,13–16), was sich für einen echten Frommen nicht ziemt.
- Jesus ruft Menschen in seine Nachfolge mit der Dringlichkeit und dem Anspruch, den die Propheten erfahren, wenn sie den Ruf Gottes vernehmen.
- Jesus legt das Gesetz nicht nach Art der Rabbiner aus, sondern er erhebt den Anspruch auf das richtige Ver-

ständnis mit der Autorität, die im Grunde nur dem Gesetzgeber zusteht. Über die Buchstaben hinaus legt er den wahren Sinn des Gesetzes offen (Mk 10,2–9).

Man hat beim engsten Kreis der Gefolgschaft Jesu zumindest mit Ratlosigkeit gegenüber dem Inhalt seiner Botschaft zu rechnen. Nach der Darstellung der vier Evangelien geht es aber noch um mehr: Die Jünger verstehen Jesus nicht und sie scheinen durchweg dem Sinn seiner Worte auf eigenartige Weise fern zu stehen.

Über das Interesse der christlichen Gemeinden hinaus, den Kontrast in der Haltung der Jünger vor und nach Ostern hervorzuheben – vorher ratlos und unverständig gegenüber der Botschaft Jesu, nach Auferstehung und Geistsendung mutige und treue Verkünder der Frohbotschaft –, stellt sich die Frage, ob die Evangelien hier nicht ein Bild der Jünger überliefern, das der historischen Wirklichkeit tatsächlich entspricht.

2.1.1 Die messianische Hoffnung

Für unser Thema ist eine Szene aufschlussreich, deren historischer Kern nicht anzuzweifeln ist: Es handelt sich um das Gespräch zwischen Jesus und Petrus (Mk 8,32f), nach dessen Bekenntnis der Messianität Jesu (Mk 8,29).[13]

Die Antworten der Jünger auf die Frage Jesu nach der Meinung der Leute über in (Mk 8,27) weisen auf die Träger der messianischen Erwartungen hin: Johannes der Täufer, Elia oder ein anderer Prophet (Mk 8,28). Als Jesus seine

[13] Die Paralleltexte brauchen hier nicht berücksichtigt zu werden.

Jünger mit der gleichen Frage konfrontiert („Und ihr? Was sagt ihr denn, wer ich bin?“), antwortet Petrus: „Du bist der Messias“ (Mk 8,29). Im Griechischen steht das Wort ὁ Χριστός, der „Christus“, d. h. der „Gesalbte“, der „maschiach“ der jüdischen Hoffnung.

Der Text sagt nichts über die Art und Weise, welches Verständnis Petrus dem von ihm ausgesprochene Bekenntnis beilegt, aber die Fortsetzung des Gesprächs gewährt einen Einblick in seine Intention.

Dem Bekenntnis des Petrus folgt die erste Leidensankündigung Jesu (Mk 8,31). In der jetzigen Gestalt handelt es sich mit Sicherheit um ein nachösterliches Wort, das hier eingefügt wurde. Aber die Dynamik des Gesprächs verlangt nach einem Wort Jesu, durch das er sich, wie auch immer, dem Bekenntnis des Petrus widersetzt. Denn ohne ein solches Wort bleibt die Reaktion des Petrus unverständlich, der Jesus Vorwürfe macht (Mk 8,32), mehr noch die an Schärfe nicht zu überbietende Reaktion Jesu: „Weg mit dir Satan! Denn du denkst nicht an die Sache Gottes, sondern an die der Menschen“ (Mk 8,33b). Bedenkt man die Rolle des Petrus in der Urgemeinde und seinen Märtyrertod, scheidet jede Möglichkeit eines nachösterlichen Ursprungs der Aussage Jesu aus.

Die Heftigkeit des Wortes Jesu lässt sich nur verstehen, wenn Petrus mit seinem Bekenntnis in einem entscheidenden Punkt der Meinung Jesu widersprach. Über alle anderen Fragen, die das Auftreten Jesu aufwerfen konnte, war die Frage nach dem Sinn seiner Sendung die zentrale. Mit seinem Bekenntnis hat Petrus offenbar diesen Sinn gründlich verfehlt.

Höchst wahrscheinlich drückte Petrus nicht allein eine persönliche Meinung aus. Hinter dem Inhalt seines Bekenntnisses konnten auch die anderen Jünger stehen. War Jesus der erwartete Messias, musste er sich in der Gesellschaft Palästinas durchsetzen. Ein Messias, der in dieser Situation der fremden Macht unterlegen sein oder scheitern würde, war unvereinbar mit der gängigen messianischen Hoffnung. Hier dürfte der Grund für die Vorwürfe des Petrus liegen.

Die gemeinsame Zeit mit Jesus hatte den Jüngern die Möglichkeit geboten, in ihm nicht allein einen charismatischen politischen Führer zu sehen. Aber in welchen Kategorien konnten sie ihre Hoffnung auf ein befreiendes Eingreifen Gottes in der Geschichte durch Jesus zur Sprache bringen, wenn nicht als traditionelle messianische Hoffnung?

Nimmt man die Botschaft Jesu ernst und misst sie an den messianischen Erwartungen der Zeit, die auch seine Jünger teilten, war der Konflikt vorprogrammiert. Die Jünger würden früher oder später auf die Erfüllung einer Hoffnung pochen, der Jesus nicht entsprechen wollte.

2.1.2 Der Weg nach Jerusalem

Jesu Wirken beschränkte sich zunächst vor allem auf Galiläa. Nach dem Markusevangelium beschließt Jesus erst in Mk 10,32 nach Jerusalem hinaufzugehen; die Zeit in Galiläa umfasst fast zwei Drittel des gesamten Evangeliums.[14]

Im 19. Jahrhundert arbeitete die Forschung die Hypothese eines „galiläischen Frühlings“ aus. Auf eine Zeit der zu-

[14] Lukas weicht von diesem Schema ab, indem er die Entscheidung schon in Lk 9,51 fallen lässt.

versichtlichen Verkündigung der Frohbotschaft folgt die Zeit der Ernüchterung und der Enttäuschung, die „galiläische Krise“. Nach dieser Auffassung geht Jesus nach Jerusalem hinauf im Zeichen akuter eschatologischer Erwartung, um dort das Ende herbeizuführen.

Die heutige Forschung, die sich von diesen Konstruktionen verabschiedet hat, deutet den Weg nach Jerusalem aus der Notwendigkeit heraus, gerade dort, in der von Gott erwählten Stadt Davids, die Botschaft von der Gottesherrschaft zu verkündigen.

Möglicherweise wurde der Gang nach Jerusalem von Jesus und seinen Jüngern unterschiedlich interpretiert. Für Jesus war es eine Forderung seiner Sendung als Bote der Gottesherrschaft, für die Jünger wahrscheinlich die Stunde der Herausforderung der römischen Machthaber.

2.2 Die Stunde des Konflikts

2.2.1 Die Umstände

Wenn Jesus nicht in Jerusalem, sondern die überwiegende Zeit seiner Verkündigung in Galiläa gewirkt hatte, und sich in der Stadt nur kurze Zeit aufhielt[15], wie kam es dann aber zur dramatischen Eskalation des Konflikts mit den Vertretern der jüdischen Obrigkeit, die zu seiner Verhaftung, Verurteilung und schließlich zu seinem Tod führten?

---

[15] Die johanneische Darstellung ist gegenüber der synoptischen sicherlich sekundär. Sowohl der zeitliche als auch der räumliche Rahmen sind jeweils verschieden.

Die Berichte der Synoptiker halten einen Vorfall fest, in dem wahrscheinlich der Konflikt seinen Ausgang nahm: die Tempelreinigung (Mk 11,15–17; Mt 21,12–13; Lk 19,45–46).

Die Szene ereignet sich im so genannten Vorhof der Heiden, in dem gewöhnlich allerlei Geschäfte verrichtet wurden. Bei den Dimensionen des Platzes – 450 m x 300 m – war die ganze Aktion wohl nicht derart spektakulär, wie es die Evangelisten darstellen; andernfalls hätten die für die Ordnung im Tempel Verantwortlichen eingegriffen, wenn nicht sogar die Römer selbst, die bei den vielen Menschen anlässlich des jüdischen Paschafestes jede Unruhe im Keim zu ersticken trachteten.

Aber ganz unbemerkt war die Tat Jesu offenbar nicht geblieben, sonst ist die zunehmende Animosität der Juden in Jerusalem gegen Jesus nicht verständlich. Plausibler scheint es, in den Sadduzäern die treibende Kraft des Konflikts zu erkennen. Sie waren für den Tempelbereich zuständig, sie bestellten den Hohenpriester, die priesterliche Aristokratie und den größten Teil des Hohen Rates. Für sie bedeutete das Verhalten des Galiläers im Tempel eine nicht hinnehmbare Provokation. Die Notiz Mk 11,18; Lk 19,47 (vgl. auch Mk 12,12; Mt 21,46; Lk 20,19 und Mk 14,1; Mt 26,4; Lk 22,2) dürfte den Kern der Sache überliefern: Der Beschluss, Jesus zu beseitigen, wird von denen gefasst, die sowohl für die Ordnung im Tempel verantwortlich sind als auch für die religiöse Gesetzgebung.

2.2.2 Die Entscheidung

Es empfiehlt sich, bei der Kreuzigung Jesu als der unbestreitbaren Tatsache anzusetzen. Diese Strafe konnte nur von den Römern verhängt werden, die in Kapitalstrafsachen (so genanntes *ius gladii*) allein zuständig waren.

Dass die jüdische Behörde die Verhaftung Jesu anordnete, ist nicht ungewöhnlich. Der weitere Verlauf der Ereignisse ist vor diesem Hintergrund verständlich. Die Römer hatten wohl keinen Anlass, selbst einzugreifen, ohne den Druck der jüdischen Gruppe, die sich von Jesus in Frage gestellt sah. Die Kreuzigung ist zwar die römische Strafe für Aufständische, aber in den Augen eines erfahrenen römischen Funktionärs erweckte Jesus nicht den Eindruck, die politische Stabilität zu gefährden.[16]

Nach der Überlieferung der Evangelien hat Judas die Diener der Hohenpriester zum Ort geführt, an dem sich Jesus aufhielt. Hier vollzog er seine Auslieferung (Mk 14,43; Mt 26,47; Lk 22,47), wie er dies mit den Hohenpriestern vereinbart hatte (Mk 14,10f; Mt 26,14–16; Lk 22,3–6). Wieweit ist die Überlieferung zuverlässig?

Sicherlich hätten die Hohenpriester auch ohne die Hilfe des Judas den Aufenthaltsort Jesu ausfindig machen und ihn verhaften können. Aber die Übereinstimmung der verschiedenen Überlieferungen spricht für ihre Glaubwürdigkeit. Wer käme sonst auf die Idee, Judas, einem der Jünger Jesu, ohne triftigen Grund etwas derartiges zu unterstellen? Als spätere Erfindung ist die Tradition von der Auslieferung durch Judas daher nicht zu erklären.

Bei der Analyse der Texte über die Begegnung des Judas

---

[16] Lk 23,13–16 lässt Pilatus öffentlich die Unschuld Jesu erklären. Die Tendenz, die römische Behörde von jeder Verantwortung für den Tod Jesu zu entlasten, ist typisch lukanisch. Abgesehen davon ist die Haltung des Pilatus „realpolitisch“ gut nachvollziehbar.

mit den Hohenpriestern wurden für Judas unterschiedliche Motive aufgezeigt.[17] Bei Matthäus war es Geldgier[18], bei Lukas ist der Teufel am Werk. Nur Markus verzichtet auf eine Erklärung.

Aufgrund der Beobachtungen zum historischen Hintergrund und zu den Faktoren, die zum entscheidenden Konflikt in Jerusalem führen, lässt sich die Haltung des Judas nun mit der gebotenen Vorsicht beleuchten:

Es war die Enttäuschung angesichts der nicht erfüllten messianischen Hoffnung, die Judas dazu veranlasste, Jesus der jüdischen Behörde auszuliefern. Die Ereignisse in Jerusalem machten ihm nur allzu deutlich, dass Jesus nicht der erhoffte Messias war.[19] Judas scheint der erste der Jünger gewesen zu sein, der eine unüberbrückbare Kluft zwischen seinen eigenen Erwartungen und dem Ziel der Sendung Jesu verspürte. Die anderen Jünger werden ihm später darin folgen[20]: Als Jesus verhaftet wurde, „verließen ihn alle und flohen" (Mk 14,50; Mt 26,56b). Auf die Fragen einer Dienerin hin wird Petrus Jesus verleugnen (Mk 14,66–72; Mt 26,69–75; Lk 22,56–62).[21]

---

[17] Vgl. oben S. 18ff.

[18] Indirekt scheint diese Erklärung auch für das vierte Evangelium zu gelten.

[19] Vgl. *H.-J. Klauck,* Judas 55.

[20] Das bedeutet jedoch keine Gleichsetzung zwischen der Tat des Judas und der des Petrus, wie *W. Vogler,* Judas 35f, suggeriert.

[21] *M. Meiser,* Judas 56f, geht auch von den Ereignissen in Jerusalem aus, um die Tat des Judas zu erklären. Die Frage der Messianität spielt dabei keine Rolle. Es geht um den Frieden in der Stadt, der durch die Tempelreinigung gefährdet ist. Judas habe „in dem Selbstanspruch Jesu bzw. in dem Verhalten seiner Anhänger den Anlaß für eine mög-

Mit der Auslieferung Jesu markiert Judas den Bruch mit ihm und mit der Gruppe seiner Anhänger, um wieder an seine Vergangenheit vor der Begegnung mit Jesus anzuknüpfen. Die gemeinsame Zeit mit Jesus in Galiläa war für ihn eine Zeit der Hoffnung. Der Aufenthalt in Jerusalem brachte Judas die Gewissheit, dass diese Hoffnung unbegründet war. In dieser Lage bedeutet sein Entschluss, Jesus auszuliefern, den eigenen Irrtum einzusehen und den zu bestrafen, der ihn in die Irre geführt hat.

Ein Konflikt, der sich zuspitzt, verlangt nach einer Entscheidung, um die eigene Position zu klären. Die Entscheidung, Jesus auszuliefern, ist die Antwort des Judas in der Stunde des Konflikts.

3. Die Deutungen der Gestalt des Judas

3.1 Die Deutungen des Neuen Testaments

Wenn wir die wenigen Judas-Texte des Neuen Testaments, wie wir sie in Teil A behandelt haben, Revue passieren lassen, können wir nicht übersehen, dass sie ein spezifisches Urteil über Judas enthalten, das auf einer bestimmten Interpretation der Überlieferung beruht.

Es ist zu einfach, eines dieser Verdikte hier ohne Weiteres zu übernehmen. Die Schwierigkeit besteht nicht nur

---

liche Eskalation der jüdischen Volksstimmung“ vermutet. So erklärt Meiser „die offensichtlich äußerlich gesehen reibungslose Zusammenarbeit zwischen Judas und einigen Mitgliedern des jüdischen *Sanhedrin*, des obersten Gerichtshofes“.

darin, dass sie voneinander abweichen. Noch problematischer sind die Sprache und die Denkart der neutestamentlichen Autoren, die nach einer angemessenen Interpretation verlangen.

Was für die Auslegung des Alten Testaments gilt, gilt grundsätzlich auch für das Neue Testament: Das Ziel ist nicht, „sachlich" über Geschichte zu informieren, sondern die Botschaft vom Heil Gottes in Jesus zu verkünden. Die Ereignisse werden nicht neutral betrachtet, sondern durchaus „interessiert" und dem Ziel der Verkündigung untergeordnet.

Aus dieser Perspektive wird auch die Gestalt des Judas beleuchtet. Das heißt nun aber nicht, dass sich alle historischen Züge aufgrund theologischer Prämissen auflösten, aber das Verhältnis der Erzählung zu den Ereignissen muss für jeden einzelnen Fall sorgfältig bestimmt werden.

Zuerst berücksichtigen wir die Deutungen, die sich aus den neutestamentlichen Schriften ergeben.

3.1.1 Der Verräter

Nur Lk 6,16 verwendet für Judas das das Wort προδότης [prodotes], Verräter. Dennoch gilt Judas nach dem gängigen Sprachgebrauch als der Verräter schlechthin. Judas' Tat wird durchweg mit dem Verb παραδίδωμι [paradidomi] ausgedrückt, was soviel bedeutet wie „übergeben, ausliefern". Das Verb besitzt eine größere Bedeutungsbreite als „verraten".[22] Bleibt man bei dem ursprünglichen Sinn von

[22] Ein markantes Beispiel dafür: Nach der ersten Leidensankündigung (Mk 8,31) „muss der Menschensohn vieles erleiden und von den Ältes-

„übergeben, ausliefern", erhält der Ausdruck eine andere Konnotation je nach den Umständen, welche die Handlung leiten. Es ist nämlich etwas anderes, die Treue zu brechen und eine Person auszuliefern[23] oder einen Verbrecher der Justiz zu übergeben.

– In Bezug auf Judas ist zu differenzieren:[24] Sofern wir auf die subjektive Motivation des Judas schließen können, geht es ihm nicht schlicht und einfach um Verrat, wenn er Jesus an dessen Feinde ausliefert.[25] Judas reagiert damit vielmehr auf seine enttäuschte messianische

---

ten, den Hohenpriestern und den Schriftgelehrten verworfen werden". Das „müssen" (griech. δεῖ [dei]) ist auf die von Gott bestimmte soteriologische Notwendigkeit des Leidens des Erlösers bezogen (die alte Glaubensformel in 1Kor 15,3 drückt den gleichen Sachverhalt anders aus: „Christus ist für unsere Sünden gestorben gemäß der Schrift"). Nach der zweiten Leidensankündigung (Mk 9,31) „wird der Menschensohn in die Hände der Menschen ausgeliefert" (παραδίδοται [paradidotai]). Die Form des Verbs ist passiv und weist auf Gott als den Urheber der Handlung hin. Gott liefert seinen Sohn aus, aber er verrät ihn nicht.

23 Vgl. *W. Popkes,* Christus 93.

24 Das Problem lässt sich rein lexikalisch nicht lösen, ohne es zu vereinfachen. Die Überlegungen von *G. Schwarz,* Jesus und Judas 24–26, die auf dieser Ebene verbleiben, sind wenig hilfreich. Gleiches gilt für *W. Popkes,* Christus 218f.

25 Den historischen Kern der Judasüberlieferung umschreibt *H.-J. Klauck,* Judas 54, folgendermaßen: „Judas hat sich von Jesus abgewandt, äußerlich wie innerlich, und bei den Ereignissen um die Verhaftung Jesu in irgend einer Weise eine unrühmliche Rolle gespielt." Konnte diese „unrühmliche Rolle" etwas anderes sein, als dass er Jesus auslieferte? Wenn nicht, so müsste man die Frage nach der Entstehung und Entfaltung der übereinstimmenden Zeugnisse in den Evangelien eigens erklären.

Hoffnung. Eine Frage wird dabei freilich offen bleiben müssen, weil wir zu ihrer Beantwortung nichts beitragen können: Scheitert die Beziehung des Judas zu Jesus nur wegen seiner enttäuschten messianischen Hoffnung? Hat die Auslieferung Jesu womöglich noch weitere Ursachen, die andere Dimensionen ihrer Beziehung tangieren?

- Lukas bezeichnet Judas ausdrücklich als „Verräter" und schildert die Auslieferungsszene so, dass es einem Verrat gleichkommt. Die Frage Jesu: „Judas, mit einem Kuss lieferst du den Menschensohn aus?" (Lk 22,48), ist nicht die Frage an einen Fremden, sondern an einen Freund, der ihn verrät. Auch in der matthäischen Darstellung begegnet dieses Motiv. Jesus selbst deckt die Absicht des Judas auf und konfrontiert ihn damit: „Bin ich es etwa, Rabbi?" „Du sagst es" (Mt 26,25). Die Abfolge der Szenen bei Markus folgt der gleichen Intention, wenn auch die Angaben nicht so explizit sind wie bei den anderen Evangelisten.
- Der Leser der Evangelien hört den Namen des Judas erstmals in der Apostelliste. Spätestens nach der Szene, als er sich mit den Hohenpriestern trifft, wird ihn der Leser für einen Verräter halten. Das gemeinsame Mahl mit Jesus und den anderen Jüngern und anschließend der Kuss als Erkennungszeichen der Auslieferung werden dieses Urteil erhärten.

Die Deutung der Gestalt des Judas als die eines Verräters zeitigte und zeitigt bis heute eine große Wirkungsgeschichte. Die aufgeworfene historische Frage nach den ihn leitenden Motiven seiner Auslieferung erlaubt es uns nun jedoch, differenzierter darüber zu urteilen, und Judas in einem etwas anderen Licht zu sehen.

3.1.2 Das Werkzeug des Teufels

Das Thema kommt in Lk 22,3 und Joh 13,2.27 vor. Die Ausdrucksform ist typisch für die biblische Sprache, die von der Alleinursächlichkeit Gottes (Monokausalität) in der Welt ausgeht. Dazu gehört auch die Vorstellung, dass Gott sich des Teufels bedienen kann, um seinen Plan zu verwirklichen. In der Bibel handelt es sich aber nicht um einen strikten Dualismus – wie später im Manichäismus –, als existierten nebeneinander gleichberechtigt ein Prinzip des Guten und ein Prinzip des Bösen.

Die Probleme einer derartigen Deutung der Judasfigur liegen auf der Hand. Sie betreffen vor allem das Gottesbild und die Beziehung Gottes zu seinen Geschöpfen. Für ein Verstehen des historischen Judas trägt diese Deutung nichts bei.

3.1.3 Das Werkzeug Gottes

Wenn die Auslieferung des Menschensohnes geschehen muss, damit sich die Schrift erfüllt (Mk 14,21; Mt 26,24; Joh 13,18), dann ist Judas ein Instrument in der Hand Gottes, seinen Heilsplan durchzuführen.

Auch hier kommt ein problematisches Gottesbild zum Vorschein und ein Verständnis der Schrifterfüllung, das exegetisch unhaltbar ist. Dass die Schrift in Erfüllung geht, bedeutet nicht, dass alles nach einem präzisen Plan im Voraus bestimmt ist und so verlaufen muss. Diese Redeweise will daher nichts anderes besagen, als dass ein Ereignis im Licht des Glaubens als historische Konkretisierung des Heilswillens Gottes verstanden wird.

Eine Auffassung, die das menschliche „Vorher“ und „Nachher“ auf die Erfüllung der Schrift projiziert, weist Gott eine Rolle zu, die letztlich mit dem biblischen Gottesbild unvereinbar ist. In der Konsequenz hieße dies: Von aller Ewigkeit her hätte Gott Jesus zum Tod am Kreuz verurteilt und den Gang der Dinge bis zu seiner Verurteilung und Hinrichtung bestimmt. Judas wäre das Instrument für die Verwirklichung des Heilsplans Gottes.

Ein grausamer Gott, der sich jedoch erst mit dem Opfer seines Sohnes besänftigen lässt, ist nicht annehmbar; dazu noch ein leidenssüchtiger Jesu, der, lange bevor er Jerusalem erreicht, mehrmals indirekt und direkt sein Leiden und seinen Tod ankündigt.[26]

---

[26] Trotz aller Gelehrsamkeit und der vielen Emendationen (Verbesserungen) des überlieferten Textes aufgrund der Rückübersetzung ins Aramäische leidet die Arbeit von *G. Schwarz,* Jesus und Judas, unter gravierenden hermeneutischen Defiziten. Nach der Ankündigung: „Einer von euch muß mich übergeben“ (so Schwarz), erteilt Jesus den Befehl an Judas: „Was du tun mußt, tue sofort!“ (Jesus und Judas 179). „Die Tat Jesu bestand darin, daß er konsequent den Weg ging, von dem er genau wußte, daß er ihn in den Tod führen werde – im Einvernehmen mit dem Vater“ [...] „Die Tat des Judas haftet an der Tat Jesu. Sie bestand darin, sich dem Befehl seines Lehrers widerspruchslos zu beugen, nicht dagegen aufzubegehren, sondern zu tun, was er ihm befahl – im Einvernehmen mit dem Vater“ (ebd. 227). Jesus „ließ sich das Gesetz des Handelns von niemandem aufzwingen. Sein Sterben war keine vermeidbare Panne. Er sollte und er wollte sterben. Doch den Zeitpunkt seines Sterbens bestimmte er selbst – im Einvernehmen mit dem Vater. Es war seine Rolle, am Kreuz zu sterben; und es war des

Natürlich ist Judas als Werkzeug Gottes von jeder persönlichen Schuld entlastet, ja letztlich wäre er vollständig zu rehabilitieren.

Eine unkritische Lektüre der Evangelien öffnet Tor und Tür zu völlig entgegengesetzten Deutungen der Judasgestalt. Auf der einen Seite kommt es zu einer scharfen Verurteilung und zur Bildung einer schwarzen Legende, deren negative Züge sich leicht vermehren lassen. Auf der anderen Seite aber erscheint Judas als das privilegierte Instrument für den Vollzug der Erlösung. Gegen beide Lesarten wehrt sich das historisch-kritische Verständnis der Schrift, dem jede Eindeutigkeit in der Geschichte suspekt ist.

Judas Rolle, dazu beizutragen" (ebd. 228). – Auch *Rodolphe Kasser,* der Übersetzer und Herausgeber des „Evangeliums des Judas", hat sich ähnlich geäußert. In einem Interview, das in der spanischen Zeitung „El País" am 13. April 2006 veröffentlicht wurde, sagte er zum Thema: „Im traditionellen Evangelium gibt es einen Moment nach dem letzten Abendmahl, in dem Jesus zu Judas sagt: ‚Geh, deine Aufgabe zu erfüllen.' Dieser Text wurde immer als Hinweis auf die Gabe der Wahrsagung interpretiert. Jetzt, im Licht dieser Texte, können wir ihn als eine Beauftragung und Vereinbarung zwischen den beiden auslegen. Aufgrund seiner göttlichen Natur wusste Christus, dass er verraten würde. Darum konnte es keine Überraschung geben. Da er wusste, dass der Moment nahte, erbat er von seinem Freund Judas, der ein intellektuell begabterer Jünger war als die anderen, er möge ihn ausliefern." („En el evangelio tradicional hay un momento tras la Última Cena en la que Jesús dice a Judas: ‚Ve a cumplir tu misión.' Este texto se interpretó siempre en clave de don adivinatorio, mientras que ahora, a la luz de estos textos, podemos interpretarlo como un encargo y un pacto entre los dos. Cristo, dada su naturaleza divina, sabía que iba a ser traicionado, por tanto no pudo haber sorpresa. Sabiendo que el momento se acercaba pidió a su amigo Judas, que era un discípulo intelectualmente superior a los otros, que lo entregara.")

3.1.4 Der Dieb

Nur Joh 12,6 stellt Judas als einen Dieb dar. Dieses biographische Detail lässt sich leicht mit Mt 26,15 „Was wollt ihr mir geben, wenn ich euch ihn ausliefere?" in Einklang bringen. Auf dieser Linie kommt man zur Deutung des Judas als eines Diebes, der aus Geldgier Jesus ausliefert.

Obgleich diese Deutung sehr populär und bekannt ist – man denke nur an die zahlreichen Bildzeugnisse aller Zeiten, auf denen Judas mit einem Geldbeutel dargestellt wird –, hält sie einer kritischen Analyse nicht stand. Ein Jünger des Herrn, der sich in der historischen Stunde seiner Berufung für Jesus entscheidet und seine Worte hört, verdient es nicht, zu einem geldgierigen Dieb degradiert zu werden.

3.1.5 Irrtum und Verzweiflung

Nach dem Bericht des Matthäus unterliegt Judas zweimal einem schwerwiegenden Irrtum: Er irrt zum ersten Mal, als er Jesus im Glauben an dessen politische Messianität nachfolgt. Als er seinen Irrtum bemerkt, übergibt er ihn der jüdischen Behörde. Dies erweist sich aber als der größte Irrtum. Als es ihm klar wird, dass er unschuldiges Blut ausgeliefert hat, wirft er die dreißig Silberstücke in den Tempel (Mt 27,4f), die er von den Hohenpriestern als Lohn empfangen hat.

Den eigenen Irrtum einzusehen, bietet die Möglichkeit, auf den Weg der Wahrheit zurückzukehren. Die Schwere einer Verfehlung ist aber mitunter so groß, dass diese Rückkehr nicht ohne Konsequenzen bleiben kann, so als wäre nichts geschehen. Nach der matthäischen Fassung erträgt Judas die Last der eigenen Verfehlung nicht, weswegen er sich erhängt.

Ohne Zweifel handelt es sich bei dem Bericht über das Ende des Judas um eine nüchterne Erzählung, die den Blick auf die Abgründe in der Person des Verräters lenkt. Es bleibt aber dennoch die Frage, ob Mt 27,3–10 eine tragfähige Basis bietet, den Text als historisches Zeugnis für das Ende des Judas heranziehen zu dürfen. Bei der Behandlung der Stelle wurde die Frage erörtert, und eine deutliche Skepsis geäußert.[27] Ohne den Wert von Mt 27,3–10 für das Thema einer „Phänomenologie der unerlösten Schuld“ zu nivellieren, dürfte der Bericht also ungeeignet sein, um mit seiner Hilfe Judas zu charakterisieren.

3.2 Versuch einer historischen Deutung der Person des Judas

Bei der im Folgenden präsentierten Sichtweise scheiden theologische Überlegungen – der Teufel nahm Judas in Besitz, die Schrift musste in Erfüllung gehen – aus. Ziel ist hier auch nicht, Judas einerseits von jeder Schuld freizusprechen oder ihn andererseits postum zu verurteilen. Wer Geschichte treibt, wird nicht zum Richter über Personen und Ereignisse, sondern er versucht, durch die Erhellung der Beweggründe Personen und Ereignisse zu verstehen. Unter diesen Voraussetzungen wird niemand eine alle Details klärende Deutung erwarten können. Diese Beweggrün-

[27] S.o. S. 27–30, 35.

de liegen nämlich im Verborgenen und sind nur aus der Verflechtung menschlichen Handelns mit der gebotenen Vorsicht unter bleibendem Vorbehalt herauszustellen.

Bei der Beleuchtung des historischen Hintergrunds haben wir Judas als jemanden charakterisiert, der bei der Zuspitzung des Konflikts um die Person Jesu zu einer Entscheidung kommt, die vor allem von seiner enttäuschten messianischen Hoffnung herrührt.[28] Diese Deutung ist das Ergebnis einer Rekonstruktion, die Elemente zusammenfügt, die in keinem relevanten Text gemeinsam erscheinen. Ihre Plausibilität ergibt sich aus dem Zusammenspiel zwischen der historischen Situation und den handelnden Personen: Jesus, Judas, die Jünger sowie die jüdische und römische Behörde.

Judas ist weder das Instrument Gottes noch des Teufels. Er verkörpert auch nicht das Böse bzw. den Verrat. All diese Deutungen verabsolutieren die Gestalt des Judas und lassen sie zu einer paradigmatischen Größe werden, die alle Grenzen menschlichen Handelns sprengt.

Nach unserer Sicht ist Judas jemand, der sich in der Bedingtheit jeder menschlicher Freiheit für seine Wahrheit der messianischen Hoffnung – nach der traditionellen Vorstellung – entscheidet.

Wenn in der Person des Judas prototypisch etwas durchscheint, dann jener Mensch, der in einer Konfliktsituation zu einer Entscheidung aufgefordert ist, deren Folgen er nicht überschauen kann.

Entfernen wir uns mit dieser Einschätzung nicht vom Zeugnis der Evangelien, die viel schärfer und eindeutiger

---

28 S.o. S. 69f.

von Judas sprechen? Auch dieser Frage muss man „historisch“ begegnen. Die Evangelien bezeugen den Glauben an Jesus, den Gekreuzigten und Auferstandenen. Aus dieser Perspektive wird durch die Ereignisse der Leidensgeschichte der Wille Gottes erfüllt. Aussagen wie „Christus ist für unsere Sünden gestorben, gemäß der Schrift“ (1Kor 15,3), „der Menschensohn muss vieles erleiden“ (Mk 8,31), bringen genau dies zum Ausdruck. Aus dieser Perspektive wird auch Judas gesehen. Sein Bruch mit Jesus, als er ihn ausliefert, wird als Erfüllung der Schrift verstanden und dargestellt. Das Leiden des Erlösers hat einen unmittelbaren Verursacher und auf ihn wird die Last der Schuld geworfen. Dass diese Geste die anderen Beteiligten „ent-schuldigt“, wird dabei kaum wahrgenommen.

Von nun an hört die Geschichte des Judas auf, seine eigene Geschichte zu sein; sie wird zum Objekt vielfältiger Variationen, die sich in Literatur und Kunst in unverwechselbarer Weise Geltung verschaffen werden. Einiges davon wird in den nächsten Kapiteln sichtbar.

C. Judas in der altchristlichen Literatur

1. Die Autoren der Großkirche

Nur einige repräsentative Stimmen, vor allem aus dem 2. Jahrhundert, sollen im Folgenden zu Wort kommen. Sie vertreten den Bereich der „rechtgläubigen" (orthodoxen) „Großkirche" und stehen damit im Gegensatz zu heterodoxen christlichen Gruppierungen in altchristlicher Zeit.

■ Martyrium des Polykarp (um 155[1])
Der Bischof von Smyrna wurde verhaftet, nachdem einer der Seinen ihn verraten hat.

> „... damit jener das eigene Los erreichen sollte, Genosse Christi zu werden, die aber, die ihn verrieten, die gleiche Strafe wie Judas empfangen" (MartPol 6,2).

Wie die Leidensgeschichte Jesu zum Modell für das Leiden des Märtyrers wird[2], wird in gleicher Weise Judas zum Vorbild für den zu Recht bestraften Verräter.

■ Papias von Hierapolis (um 120–140)
Aus seinem Werk „Auslegung der Herrenworte" sind nur Fragmente geblieben. Das folgende Fragment überliefert Apollinaris von Laodicea. Es ist besonders wertvoll, weil hier das Fortschreiten der literarischen Tradition über Judas – freilich in einer bestimmten Richtung – sehr deutlich sichtbar wird:

---

[1] Die Zeitangaben beziehen sich auf die Entstehung des jeweiligen Werkes.

[2] Vgl. *G. Buschmann*, Das Martyrium des Polykarp (KAV 6), Göttingen 1998, 147–149.

„Judas starb nicht, als *er sich erhängte*, sondern lebte weiter, nachdem er abgenommen wurde, ehe er erstickte. Auch dies berichtet die Apostelgeschichte, dass ‚*er kopfüber stürzte und auseinander barst, sodass alle seine Eingeweide heraustraten.*‘ Deutlicher erzählt dies Papias, der Schüler des Johannes, der im vierten Buch seiner ‚Auslegung der Herrenworte‘ sagt:
‚Als großes Beispiel der Gottlosigkeit ging Judas durch diese Welt. Sein Leib war so angeschwollen, dass er da, wo ein Wagen leicht durchfährt, nicht mehr durchgehen konnte, nicht einmal mit dem Umfang seines Kopfes. Seine Augenlider schwollen so sehr an, so sagt man, dass er überhaupt kein Licht sah; seine Augen konnte man nicht einmal mit dem Spiegel des Arztes sehen, so tief lagen sie vor der Außenfläche zurück. Sein Schamglied war abstoßender und größer als alles, was schamlos ist. Von seinem ganzen Körper floss Eiter herab neben Würmern, die ihn schon bei den natürlichsten Bedürfnissen quälten. Als er nach vielen Qualen und Plagen auf dem eigenen Grundstück starb – so sagt man –, blieb dieses bis auf heute wegen des Gestanks verlassen und unbewohnt, ja bis zum heutigen Tag kann niemand an jenem Platz vorübergehen, ohne sich die Nase mit den Händen zuzuhalten. So sehr hat sich die Ausdünstung von seinem Körper auch über die Erde verbreitet‘“ (Fr. 6).

Die Einleitung des Apollinaris setzt Kenntnisse der zwei Fassungen über das Ende des Judas in Mt 27,5 und Apg 1,18 voraus (*kursiv* hervorgehoben).[3] Die auf Papias zurückgehende

[3] Zu den textkritischen und inhaltlichen Fragen vgl. *E. Norelli,* Papias

Tradition dokumentiert das Wachstum der „schwarzen Legende" über Judas. Die Elemente, die den Prozess vorantreiben, kommen hauptsächlich nicht aus der neutestamentlichen Überlieferung, sondern aus einem anderen Text (2Makk 9,5–10), der zu einem Topos gehört, der auch in der christlichen Literatur sich zunehmender Beliebtheit erfreuen wird: Die Bösen, die Verfolger und Peiniger der Gläubigen, werden in ihrer Todesstunde selbst Grausames erfahren.[4]

---

de Hierapolis. Esposizione degli oracoli del Signore (Letture cristiane del primo millenio 36), Mailand 2005, 340–350. Den Abschnitt kommentiert auch *H.-J. Klauck,* Judas 111–116.

4 Der Tod des Antiochus Epiphanes nach 2Makk 9,5–10:
„[5]Der allsehende Herr, der Gott Israels, schlug ihn mit einer unheilbaren und unsichtbaren Krankheit. Kaum hatte er das Wort ausgesprochen (V4b: Jerusalem mache ich zu einem Friedhof für die Juden, sobald ich dort ankomme), erfassten ihn unerträgliche Schmerzen in den *Eingeweiden* und heftige innere Qualen. [6]Das geschah ihm völlig zu Recht, da er durch viele und ungewöhnlichen Martern die Eingeweide anderer gequält hatte. [7]Dennoch ließ er von seinem Übermut nicht ab. Noch ganz von Hochmut erfüllt, schnaubte vor Wut und Feuer gegen die Juden und befahl, die Fahrt zu beschleunigen. Da geschah es, dass er vom dahinsausenden Wagen fiel und so unglücklich stürzte, dass alle Glieder seines Körpers verrenkt waren. [8]Der soeben noch gemeint hatte, er könne aufgrund seiner übermenschlichen Prahlerei den Wellen des Meeres gebieten und die Höhe der Berge mit der Waage abwägen, lag nun am Boden und wurde auf einer Bahre getragen. Auf diese Weise offenbarte er allen die Macht Gottes. [9]Es krochen sogar *Würmer* aus dem Körper (bzw. aus den Augen) des Gottlosen hervor, und, während er noch lebte, fiel sein Fleisch in Schmerzen und Qualen ab. Von ihm ging ein *Fäulnisgeruch* aus, das das Heerlager belästigte. [10]Und den, der kurz zuvor meinte, er könne nach den Sternen am Himmel greifen, konnte niemand mehr wegen des unerträglichen Gestanks ertragen."
Die *kursiv* gedruckten Termini zeigen die Gemeinsamkeiten mit der Schilderung des Papias. Die Einzelheiten sind fester Bestandteil eines

In der Mitte des 2. Jahrhunderts wird das Ende des Judas in der Weise dargestellt, die einst dem gefährlichsten Feind des Judentums galt. Wie dieser wegen Grausamkeit und Maßlosigkeit von Gott bestraft wurde, so ergeht es nun Judas.

■ Petrusakten (180–190)

Petrus erfährt vom Sinneswandel des Senators Marcellus, der früher die Christen offen unterstürzt hatte, und nun seine Wohltaten bereut. Der Apostel sieht darin das Werk des Teufels und hält gegen ihn eine scharfe Anklagerede, die mit der Versuchung bei den ersten Menschen ansetzt; der uns interessierende Satz lautet:

> „Du hast meinen Mitschüler und Mitapostel Judas gezwungen, gottlos zu handeln, dass er verriet unseren Herrn Jesus Christus, der dich notwendigerweise strafen muss“ (8).[5]

Der Verfasser kennt Lk 22,3 und Joh 13,2.27 bzw. eine mit diesen Stellen zusammenhängende Überlieferung. In die-

---

literarischen Topos. Auch der Tod Herodes' des Großen wird von Josephus Flavius ähnlich ausgemalt, vgl. ant. 17,169–170. – Vgl. zum Thema *H.-J. Klauck,* Judas 116–121, mit Beispielen aus der antiken nichtbiblischen Literatur.

5 Nach NTApo[5] II 267. Auch in den „Thomasakten“ (32) spielt der Teufel eine ähnliche Rolle. Der Teufel erscheint in der Gestalt einer Schlange und zählt seine Taten auf. Über Judas sagt er: „Ich bin der, welcher Judas entzündete und erkaufte, Christus dem Tode zu überliefern“ (nach NTApo[5] II 316). Im Hintergrund dürfte Mt 26,14–16 stehen: Als Judas zu den Hohenpriestern geht und nach dem Geld fragt, das er für die Auslieferung Jesu bekommen soll, „verkauft“ er sich. In Wirklichkeit aber „erkauft“ ihn der Teufel.

sem Fall ist der Teufel schuldig, weil er Judas zu seiner Tat gezwungen hat. Über dessen Verantwortung wird indes nichts ausgesagt.

■ Johannesakten (Ende 3. Jahrhundert)

Der nur in großen Fragmenten überlieferte Text hat stark gnostische Prägung. Im schönen Hymnus an Christus (94–96) gibt es eine kurze Aussage, die im Hinblick auf das Judasevangelium Erwähnung verdient:

> „Dein Gott bin ich, nicht der des Verräters" (96).[6]

In der Selbstoffenbarung Gottes könnte sich das Bekenntnis des Thomas (Joh 20,28) widerspiegeln. Hier offenbart er sich dem Johannes. Überraschend dabei ist der dualistische Rahmen, in dem der Offenbarer sich vom Gott des Verräters[7] distanziert. Sonst gibt es keine weitere Anspielung auf Judas.

Judas, der Verräter schlechthin (MartPol), der durch seinen schrecklichen Tod bestraft wurde (Papias), der als Instrument des Teufels Jesus auslieferte (Petrusakten, Thomasakten) – die Motive lassen sich ohne Ausnahmen auf Stellen des Neuen Testaments zurückführen. Die Aussage der Johannesakten: „Dein Gott bin ich, nicht der des Verräters", lässt gnostisches Denken erkennen, aber Judas wird scheinbar nicht gnostisch gedeutet, wie es dies in den folgenden Texten der Fall ist.

---

6 Nach NTApo[5] II 168.

7 Die Bezeichnung ist dieselbe wie in Lk 6,16 (προδότης [prodotes]).

2. Das Interesse der Gnostiker an Judas

Nicht nur die Autoren der Großkirche zeigten Interesse an der Figur des Judas. Auch andere Autoren, die von ihrer Denkrichtung her als Vertreter der christlicher Gnosis anzusehen sind, beschäftigten sich mit Judas.[8] In diesem Milieu entstand wohl auch das Evangelium des Judas, von dessen Existenz wir (bis vor wenigen Jahren) nur aufgrund kurzer Mitteilungen einiger Autoren der Großkirche Kenntnis hatten. Ihre Nachrichten sind von unterschiedlichem Wert. Es ist auch nicht sicher, ob einer von ihnen ein ganzes Werk dieses Namens in Händen hielt oder ob ihre Informationsquellen nicht lediglich kurze, als Exzerpt überlieferte Notizen waren.

■ Irenäus von Lyon (180–185)

In den fünf Büchern „Gegen die Häresien" setzt sich der Bischof von Lyon ausführlich mit den verschiedenen Formen der Gnosis auseinander, die offenbar auch in Gallien weite Verbreitung gefunden hatte.

> „Wieder andere vertreten die Lehre, daß Kain von der oberen Herrschaft (abstammt). Sie bekennen sich zu Esau, zu Korach, den Sodomitern und allen Leuten solchen Schlages als zu ihren Verwandten. Und deshalb seien sie vom Schöpfer angefeindet, aber keinem von ihnen sei Schaden entstanden. Die Sophia nahm nämlich von ihnen, was ihr Eigentum war, an sich. Und das, sagen sie, hat auch der Verräter Judas sehr genau gewußt. Und da er als einziger von allen (Jüngern) die Wahrheit erkannt hat, vollbrachte

[8] Zur Gnosis allgemein, s.u. S. 91ff.

> er das Mysterium des Verrats. Er war die Ursache der Auflösung alles Irdischen und Himmlischen. – Sie legen ein Machwerk mit diesem Inhalt vor und nennen es das ‚Evangelium des Judas'" (haer. I 31,1).[9]

Zum ersten Mal wird hier das „Evangelium des Judas" erwähnt.[10] Bei dem, was Irenäus darüber sagt, sind folgende Einzelheiten hervorzuheben:

- Das Evangelium des Judas gehört in gnostische Kreise, die durch einen strengen Dualismus gekennzeichnet sind.
- Der Dualismus äußert sich in einer konsequenten „Umkehrung der Werte", die sich exemplarisch in bekannten

---

[9] Nach der Übersetzung von *N. Brox.*

[10] Die Entdeckung des Judasevangeliums zeitigt auch heute noch Folgen für Irenäus. Der Bischof von Lyon wird derzeit verdächtigt, das Werk verboten zu haben. Das Buch von *H. Krosney,* Das verschollene Evangelium, das interessante Information über die bewegte Geschichte des Manuskripts nach seiner Entdeckung enthält, beleuchtet die Rolle des Irenäus in einem Kapitel, das die kuriose Überschrift trägt: „Der Vollstrecker aus Gallien". Der Inhalt entspricht jedoch nicht den dadurch geweckten Erwartungen. – Selbstverständlich hielt Irenäus die Werke der Gnostiker für Machenschaften des Teufels, aber ein weiträumiges Verbot eines Textes war weder möglich noch nötig. Wie hätte Irenäus aus seinem entlegenen Bistum heraus ein solches Verbot durchsetzen können? Existierte in Gallien überhaupt ein Exemplar des Judasevangeliums? Um 180 hat die Großkirche die vier Evangelien Matthäus, Markus, Lukas und Johannes, als *die* Evangelien festgelegt. Sie bilden *das eine Evangelium in vier Formen* („quadrimorfe evangelium" [haer. III 11,8]); Irenäus teilt mit, was sich als großkirchliche Ansicht durchgesetzt hat. Aber dies war lediglich seine Wahrnehmung. Auch weiterhin schrieben viele Autoren – nicht nur Gnostiker – Werke, die sie als „Evangelium" betitelten.

alttestamentlichen Gestalten zeigt: Die Auserwählten Gottes sind Kain, Esau, Korach, die Sodomiter usw.

- Judas – als neutestamentlicher Vertreter der gleichen Umkehrung – war der einzige Jünger, der die Wahrheit erkannt hat.
- Judas' Verrat gehört zum Vollzug eines Mysteriums; die Tat ist erhaben.
- Dadurch wirkt Judas als „die Ursache der Auflösung alles Irdischen und Himmlischen".

■ Epiphanius von Salamis, Panarion (um 390)

In seinem Buch „Panarion" (griech. „Arzneikasten", nämlich gegen das Gift der Häresien) zählt Epiphanius 80 häretische Lehren auf. Bei der Beschreibung der Kainiten erwähnt er ein Judasevangelium. In vielen Punkten erweist er sich aber als von Irenäus abhängig.

> „Die Kainiten sind stolz darauf, mit Kain, den Sodomitern, Esau und Korach verwandt zu sein. Sie selber, sagen sie, gehören zur oberen und vollkommenen Erkenntnis (griech. gnosis)" (38,1,3). [...] „Deswegen, sagen sie, hat Judas alles über diese Dinge genau gekannt. Auch ihn wollen sie als ihren Verwandten haben. Sie zählen ihn zu denen, die ein Übermaß an Erkenntnis besaßen. Darum bringen sie unter seinem Namen ein Büchlein, das sie ‚Evangelium des Judas' nennen" (38,1,5) [...]. „Sie sagen, dass Jesus von Judas ausgeliefert wurde, weil er schlecht war: Er wollte das vom Gesetz Bestimmte auflösen. Sie loben nämlich Kain und Judas, wie gezeigt, und sagen: Er hat ihn deswegen ausgeliefert, weil er das gut Geordnete zerstören wollte" (38,3,3).

■ Theodoret von Cyrus, Häretikergeschichte (440)
Im Abschnitt über die Kainiten, der unter dem Einfluss des Irenäus und des Epiphanius steht, schreibt er über Judas:

> „Sie erwähnen sein Evangelium, das sie verfasst haben. Jener bekam gleich die Schlinge als Lohn des Verrats" (1,15).

■ Pseudo-Tertullian, Gegen alle Häresien (um 210)
In diesem Werk, das dem Tertullian zugeschrieben wurde – wahrscheinlich von Zephyrin, Bischof von Rom, verfasst –, sind 32 Häresien zusammengefasst. Hier wird kein Evangelium des Judas genannt, aber der Zusammenhang mit den Kainiten weist auf die gleiche Überlieferung hin.

> „Und noch ist eine andere Häresie entstanden, die sie die der Kainiten nennen. Sie verehren den Kain, weil er aus einer großen Kraft empfangen wurde, die durch ihn wirkte [...]. Die das sagen, verteidigen auch Judas, den Verräter. Sie behaupten, Judas sei bewundernswert und groß wegen der großen Wohltat, die er der Menschheit schenkte, über die er sich rühmt. Einige von ihnen meinen, man müsse Judas danken aus folgendem Grund: ‚Als Judas bemerkte, dass Christus die Wahrheit verkehren wollte' – so behaupten sie –, ‚verriet er ihn, damit die Wahrheit nicht verkehrt werden könnte'" (2,5f).

Mit großer Kühnheit wird Judas als Diener der Wahrheit dargestellt, der Christus als den falschen Erlöser entlarvt und darum verrät.

In den genannten Texten erscheint Judas jeweils in Verbindung mit der Gruppe der Kainiten. Was war der Grund, weswegen sie Kain, der seinen Bruder Abel erschlagen hatte (Gen 4,3–16), verehrten? Die Antwort auf diese Frage erfordert eine kurze Einlassung zum Phänomen der christlichen Gnosis im Allgemeinen, sodann über die Kainiten im Besonderen.

2.1 Das Phänomen der christlichen Gnosis

Eine genaue Angabe zur Entstehungszeit der Gnosis ist nicht möglich. Das Phänomen begleitet die Ausbreitung des Christentums und nimmt im 2. Jahrhundert auf unterschiedliche Weise Gestalt an – auch in diesem Punkt dem Christentum ähnlich. Es gibt auch eine nichtchristliche Gnosis[11], aber für den hier verhandelten Gegenstand konzentriert sich das Problem in der christlichen Gnosis.

Die Gnosis ist durch eine durchgehend negative Sicht des Kosmos und des Menschen gekennzeichnet. Der Terminus Gnosis (griech. γνῶσις) bedeutet ursprünglich „Erkenntnis", und zwar unabgängig vom Gegenstand und Wert dieser Erkenntnis. Das Wort gewinnt im Sprachgebrauch der Gnostiker jedoch einen anderen Sinn. Gnosis ist die Erkenntnis, die den Menschen Heil in dieser gefallenen Welt vermittelt. Durch Erkenntnis *geschieht* etwas. Dadurch erkennt der Mensch seine Situation in der Welt, aber zugleich erfährt er seine wesentliche Fremdheit gegenüber

[11] Das „Corpus Hermeticum", eine Sammlung aus sehr unterschiedlichen Texten in Form und Gestalt, enthält einige Traktate, die eine nichtchristliche Gnosis vertreten.

der materiellen Wirklichkeit. Er besitzt nun Kenntnis von dem pneumatischen Kern in ihm, der trotz der weltlichen Existenz unberührt geblieben ist.

Nach dieser Sicht der Dinge benötigt der Mensch keine erlösende Tat Gottes. Was er unbedingt braucht, ist die Stimme eines Offenbarers, die ihm vor Augen führt, was er schon immer war und ist. In dem Moment, in dem er sich seiner spirituellen Beschaffenheit bewusst wird, ist er gerettet. Der Offenbarer muss in der Welt erscheinen, um die Menschen zu erreichen, aber es handelt sich dabei um eine Erscheinungsform, die keiner echten Zugehörigkeit zur Welt – etwa als Inkarnation – bedarf. Wäre dies der Fall, bedürfte nämlich auch der Erlöser der Erlösung.

In der Geschichte der Forschung wurde die Gnosis als akute „Hellenisierung des Christentums" bezeichnet. Die eminente Rolle der Erkenntnis erinnert an das: „Erkenne dich selbst!" Es gibt aber andererseits ein zentrales Element in der Gnosis, der sich dem griechischen Denken entgegensetzt: Die Ablehnung, ja Verachtung des Kosmos. – Für die Griechen ist die Welt immer „Kosmos", d. h. Schmuck, Ordnung, Harmonie. Sogar die spiritualisierende Tendenz des platonischen Denkens ändert daran nichts. Plotin, der wichtigste Vertreter eines „spiritualisierten Platonismus", schreibt – und das ist typisch für griechisches Empfinden – einen Traktat gegen die Gnostiker (enn. 2,9), die er als gottlos und gotteslästerlich bezeichnet, weil sie behaupten, die Welt sei schlecht.

Andere haben die Gnosis als die akute „Orientalisierung des Christentums" bezeichnet. Es ist richtig, dass die Gnosis die Notwendigkeit der Erlösung bis zum Exzess treibt, aber die konsequente Spiritualisierung des Weltbilds und die Ablehnung der materiellen Wirklichkeit ist nicht mit dem orientalischen Denken in Einklang zu bringen – das sich noch schwerer bestimmen lässt als das griechische.

Die simplen Etiketten sind wenig hilfreich, wenn es darum geht, die richtige Annährung an ein so komplexes Phänomen wie die Gnosis zu finden. Mit ihrem elitären Bewusstsein, inmitten einer gefallenen Welt und im Unterschied zu allen anderen Menschen die Pneumatiker zu sein, vertreten die Gnostiker eine Gruppe innerhalb der Gesellschaft, die mit Wachsamkeit und großer Sensibilität auf das Gefühl reagiert, in einer durch eine tiefe Krise erschütterten Welt zu leben. Die Heil bringende Erkenntnis – eben die Gnosis – von der Nicht-Zugehörigkeit zu dieser Welt und vom eigenen Ursprung im Bereich des Lichts bringt ihnen das ersehnte Heil.

2.2 Die Kainiten

Über sie berichtet zuerst Irenäus im Zusammenhang mit Markion (haer. I 27,2–3). Geboren in Sinope am Schwarzen Meer geboren,[12] gelangte er zwischen 139/149 er nach Rom und schloss sich dort der christlichen Gemeinde an, wo er seine Lehre vertrat. Nicht nur die Nachrichten des Irenäus über Markion, sondern auch der Inhalt der Lehre spricht für eine enge Verbindung zwischen ihm und den Kainiten. Nach Markion gibt es einen guten Gott, dem Jesus Christus diente, der aber

---

[12] Die wichtigste Quellensammlung zu Markion bietet immer noch *A. von Harnack,* Marcion, das Evangelium vom fremden Gott. Eine Monographie zur Geschichte der Grundlegung der katholischen Kirche. Neue Studie zu Marcion, Leipzig ²1924.

der Welt gegenüber völlig fremd geblieben ist. Er ist nicht nur der unbekannte, sondern auch der ungeahnte, der ganz andere Gott, von dem kein Mensch eine Vorstellung besaß, bis Jesus Christus ihn offenbarte. Diesem Gott gegenüber steht der Demiurg, d. h. der Schöpfer dieser Welt und darum der Urheber allen Übels in der Welt der Materie und Vergänglichkeit.

Ein überzogener und auch missverstandener Paulinismus führt hier zu einer Scheidung zwischen dem Schöpfer und dem Erlöser, den Paulus nie zugestanden hätte. Die scharfe Opposition zwischen „Gesetz" und „Evangelium" begründet die Verwerfung des Alten Testaments als Werk des bösen Demiurgen. Gleicherweise entfernt Markion aus dem Neuen Testament alle Einzelheiten, die auf eine alttestamentliche Verwurzelung der christlichen Botschaft hinweisen könnten. Der Erlöser ist der Welt so fremd, wie der Gott, den er verkündet.

Mit großem Mut zieht Markion unerbittlich die Konsequenzen aus dieser theologischen Position. Er verurteilt alle Personen, die nach dem Neuen Testament dem Schöpfergott gedient haben: Patriarchen, Propheten, ja allgemein die Gerechten. Im Gegensatz dazu betrachtet er als authentische „Heilige" diejenigen, die im Alten Testament verurteilt worden sind, wie Kain, die Moabiter oder die Sodomiter.[13]

---

[13] Mit den Worten des Irenäus: „Und Markion ging über diese Lästerung gegen Gott noch hinaus und ergänzte, wobei er sich wahrhaftig zum Sprachrohr des Teufels machte und in totalem Widerspruch zu aller Wahrheit redete: Kain und seinesgleichen, die Sodomiter und Ägypter und ihresgleichen und überhaupt alle Völker, die in aller Bosheit gelebt haben, sind vom Herrn gerettet worden, als er in die Unterwelt hinabstieg und sie dort auf ihn zuliefen, und er hat sie in sein Reich aufgenommen. Aber Abel, Henoch und Noach und die anderen

Als Kainiten werden jene Christen bezeichnet, die diese Lehre angenommen haben und bereit waren, Kain zu verehren. Wenn Kain, der den guten Gott anbetete und von ihm Weisheit erhielt, richtig gehandelt hatte, als er seinen Bruder erschlug, dann war auch die Tat des Judas richtig, als er Jesus auslieferte. Dass es im Kreis der Kainiten zur Hochschätzung, ja zur Verehrung des Judas kam, ergibt sich aus der theologischen Logik einer von Markion inspirierten Denkweise.[14]

Es gehören zur großen Familie der Verdammten im Alten Testament: Esau, dem sein Vater den Segen verweigerte (Gen 27,39f); Korach, der den Aufruhr gegen Mose leitete und deswegen von der Erde verschlungen wurde (Num 16,1–35); die Sodomiter, die sich an den Gästen Lots vergreifen wollten (Gen 19,1–11).

Das Anrecht des Judas, dieser Familie anzugehören, ist in den Berichten des Neuen Testaments und der darauf folgenden Überlieferung begründet. Der Verräter, der vom Gott dieser Welt durch seinen elenden Tod gerecht bestraft wurde, verdient hohe Anerkennung im Kreis derer, die auch von diesem Gott verurteilt worden sind. Diese Ver-

---

Gerechten und Patriarchen um Abraham, zusammen mit allen Propheten und den Menschen, die Gott gefielen, die haben keinen Anteil am Heil bekommen“ (haer. I 27,3).

[14] Es ist umstritten, ob Markion als Gnostiker anzusehen ist: Es fehlen die Motive eines göttlichen Kerns im Menschen und seiner wesentlichen Verwandtschaft mit dem Erlöser. Die Originalität seines Denkens und seine Absicht, dem theologischen Ansatz des Paulus zu folgen, sind unbestreitbar. Aber der Dualismus zwischen der Welt der Materie und der des Geistes, die Ablehnung des Kosmos sind verständlich nur im Rahmen eines gnostischen Wirklichkeitsverständnisses.

urteilung ist ihre Ehre und das unverkennbare Zeichen ihrer Treue zu dem ganz anderen, einzig wahren und fremden Gott Jesu Christi.

Die Informationen über das Evangelium des Judas, die einige Autoren der Großkirche überliefern, sind, wie wir sahen, durchaus fragmentarischer Natur. Da diese Autoren entschiedene Gegner der Gnosis waren, stellte sich die Frage, ob der Inhalt ihrer Berichte zuverlässig ist.

Die Lage hat sich verändert, nachdem das Evangelium des Judas aufgefunden wurde. Um das Umfeld des Textes noch besser in den Blick zu bekommen, wird es hilfreich sein, kurz auf die Funde von Nag Hammadi einzugehen.

3. Die Texte aus Nag Hammadi

3.1 Allgemeine Informationen

Ein Kameltreiber entdeckte 1945 zufällig in einem großen Tonkrug, der in einer Höhle in der Nähe des oberägyptischen Ortes Nag Hammadi versteckt war, eine Reihe von alten Schriftrollen.[15] Die Funde erwiesen sich als von unschätzbarem Wert. Es sind 52 Texte, von denen 41 unbekannt waren, mit einem Gesamtumfang von 1153 Seiten.

Eine derartiger Umfang entspricht dem einer kleinen Bibliothek. Der Gnosisforscher Kurt Rudolph vermutet, dass die Schriften aus einer „Kloster"-Bibliothek (= Gemein-

[15] Zu einer detaillierten Beschreibung der Ereignisse mit der entsprechenden Literatur vgl. *K. Rudolph,* Gnosis 40–48.

schaftsbibliothek) stammten. Sie „wurden bei einer Säuberungsaktion wegen ihres häretischen Charakters oder, was wahrscheinlicher ist, von Interessenten und Anhänger in Sicherheit gebracht."[16]

Ursprünglich waren die Texte in Griechisch geschrieben und wurden dann ins Koptische – in sahidischen Dialekt – übersetzt, der Sprache Ägyptens nach dem 3. Jahrhundert. Die Handschriften werden ins 4. Jahrhundert datiert, aber die Originale reichen bis ins 2. Jahrhundert zurück.

Für die Erforschung der Gnosis sind die Texte von größter Bedeutung. Sie erlauben nunmehr, die Kenntnisse über die Gnosis, die man aufgrund der Berichte der Häresiologen besaß, mit den Aussagen der Gnostiker selbst zu vergleichen. Das Ergebnis ist eine reiche, weitaus differenziertere Sicht der Gnosis, wenngleich kein völlig neues Bild entstanden ist.

In Nag Hammadi wurden auch Evangelien gefunden:

- Das „Thomasevangelium": eine Sammlung von Worten Jesu, die der synoptischen Überlieferung ähnlich ist.
- Das „Evangelium der Wahrheit": eine Homilie über die Beschaffenheit der geistigen und der materiellen Wirklichkeit sowie über den Weg des Gnostikers zur Vollendung.
- Das „Philippusevangelium": eine Sammlung von Worten Jesu, voll symbolischen Gehalts, von der synoptischen Tradition weitgehend unabhängig. Der Text ist bedeutsam als Zeugnis für das Verständnis der Sakramente in gnostischen Kreisen.
- Das „Ägypterevangelium"[17]: in mythologischer Sprache

[16] Ebd. 48.

[17] Die Schrift wird auch als das „Heilige Buch des großen unsichtbaren Geistes" bezeichnet.

wird das Schicksal der Gnostiker in der Weltgeschichte dargelegt.[18]

Die Gnostiker entwickelten nicht nur eine rege literarische Tätigkeit. Sie benutzten auch die ältesten literarischen Formen, die in der Großkirche im Gebrauch waren: Briefe, Evangelien, Apostelakten, Apokalypsen. Das ist der Grund für das Streben der Großkirche, eine verbindliche Abgrenzung der heiligen Texte zu schaffen, um eine klare Trennungslinie zu den gnostischen Schriften zu ziehen.[19] Im Hinblick auf die Evangelien haben wir gesehen, dass diese Linie schon vor dem Jahr 180 existierte. Irenäus ist nicht ihr Schöpfer, er setzt sie voraus. Nach innen signalisiert die Abgrenzung, dass nur die vier Evangelien als Offenbarungswort zu gelten haben; nach außen spricht sie den anderen Evangelien kirchliche Verbindlichkeit ab.

Dennoch hielt der Streit um die Wahrheit des Glaubens unvermindert an. Die Großkirche sprach zwar von einem „Depositum" (1Tim 6,20; 2Tim 1,12.14), das von einer zur anderen Generation treu überliefert werden musste. Dabei konnte durch die Rede vom „Depositum" leicht der Eindruck von einer abgeschlossenen Größe entstehen, die nur weitergegeben zu werden brauchte. Die Wirklichkeit sah jedoch an-

---

[18] Die Texte aus Nag Hammadi sind auf Deutsch zugänglich: *H.-M. Schenke – H.-G. Bethge – U. Kaiser,* Nag Hammadi Deutsch; *G. Lüdemann – M. Janßen,* Bibel der Häretiker: Die gnostischen Schriften aus Nag Hammadi.

[19] Das griechische Wort κανών [kanon] meint „Maßstab", „Richtschnur", weiterhin das dadurch abgegrenzte Gebiet. Die Schriften, die als „kanonisch" gelten, grenzen sich von den anderen ab. Zugleich setzen sie den Maßstab für die Wahrheit des Glaubens.

ders aus. Nicht als Dissidenten, sondern als christliche Theologen haben sich die Gnostiker der Verantwortung gestellt, in adäquater Sprache die Artikulierung der Wahrheit des Glaubens zu finden. Aus diesem Grund ist es zur Entfaltung eines reichen gnostischen Schrifttums gekommen.

3.2 Judas in den Nag Hammadi-Texten

Judas Iskariot kommt in den Schriften aus Nag Hammadi nie explizit vor.

Im „Dialog des Erlösers" (NHC III 5)[20] findet ein Judas Erwähnung, der sich gemeinsam mit Matthäus und Maria an Jesus wendet und an ihn Fragen über die Entstehung der Welt und über den Weg zur Vollendung richtet. Dieser Judas, dessen Namen 17-mal genannt wird, wird wohl der Judas, Sohn des Jakobus, sein, der in der Liste der Apostel nach Lk 6,16 und Apg 1,13 vorkommt. Der Text bietet keine weiteren Details; daher gibt es keinerlei Anhaltspunkt, den Erwähnten mit Judas Iskariot gleichzusetzen.

Ein anderer Text aus Nag Hammadi, „Der Gedanke unserer großen Kraft" (NHC VI 4), enthält eine knappe Anspielung auf Judas Iskariot, ohne ihn namentlich zu nennen. Die Schrift bietet eine gnostische, alles umfassende Eschatologie mit vielen apokalyptischen Elementen, die von der Entstehung der verschiedenen Äonen bis zum Eintritt des Gnostikers in das Brautgemach, wo er Frieden findet, erzählt. Die „Welt des Fleisches" ist die Schöpfung des „Vaters des Fleisches" (38,19), der ihre Vernichtung durch die Sint-

20 NHC = Nag Hammadi-Codex.

flut verordnet. Dieser Welt folgt die „psychische Welt“, in der der Heiland erscheint. Wie Noach die kommende Welt durch die Zerstörung der „Welt des Fleisches“ verkündete, so kündigte Jesus die Ankunft der kommenden Welt an (40,1–3). In der Zeit seines Heilswirkens öffnete Jesus die Tore des Himmels und beschämte die Mächte der Unterwelt (41,8–11). Die Herrscher dieser Welt zürnten gegen ihn und wollten ihn den Herrschern der Unterwelt ausliefern:

> „Dort erkannten sie einen, der ihm nachgefolgt war. Das Feuer hatte von seiner Seele Besitz ergriffen. Dieser hatte ihn ausgeliefert, weil niemand ihn erkannt hatte“ (41,20–24).

Auch ohne die ausdrückliche Nennung des Namens Judas Iskariot, geht eindeutig aus dem Text hervor, dass jener hier gemeint ist. Die Begegnung mit den Herrschern der Unterwelt findet freilich dort statt, wo sich Judas befindet und durch das Feuer gequält wird. Dass er Jesus auslieferte, weil niemand ihn erkannt hatte, spielt auf 1Kor 2,8 an: Hätten die Herren dieser Welt die Weisheit Gottes erkannt, hätten sie nicht den Herrn der Herrlichkeit gekreuzigt.

In einem dualistischen Schema, in dem der Schöpfergott der „Gott des Fleisches“ ist, wäre eine Umkehrung der Werte, wie wir sie bei den Kainiten gesehen haben, zu erwarten. In dieser Schrift ist dies aber nicht der Fall. Judas vertritt keine positiven Werte. Die Aussage über ihn erinnert an die Sprache der Großkirche: Judas ist in der Unterwelt und wird durch das Feuer bestraft.

D. Das Judasevangelium

Die Entdeckung des Judasevangeliums in Mittelägypten wurde als Sensation verkündet, an die sich große theologische Erwartungen knüpften. Bart D. Ehrmann formuliert sie so: „Dieses Evangelium hat ein ganz anderes Verständnis von Gott und der Welt, von Christus, von der Erlösung und der menschlichen Existenz – und nicht zuletzt auch von Judas selbst – als das, was in die christlichen Glaubensbekenntnisse und in den Kanon Eingang gefunden hat. Es wird eine neue Perspektive für das Verständnis Jesu und der religiösen Bewegung, die er begründete, eröffnen."[1]

In der Geschichte der Forschung kennt man Aufbruchsstimmungen, welche die Entdeckung von neuen Dokumenten hervorbringt. Bei der Veröffentlichung der Texte aus Qumran und Nag Hammadi war es ähnlich. Die erdrückende Zahl von Parallelstellen mit den Texten des Neuen Testaments belebte die Hoffnung, viele Probleme der neutestamentlichen Schriften mit Hilfe der Schriften aus Qumran lösen zu können. Ebensolche Erwartungen hegte man im Bereich der Gnosisforschung in Hinblick auf die Texte aus Nag Hammadi. Der euphorischen Phase des Anfangs folgt eine Zeit eingehender Analysen und des nüchternen Urteils.

Es ist zu früh, um über den Wert des Judasevangeliums zu urteilen, aber eines dürfte bereits jetzt klar sein. Im Vergleich zu den Schriften aus Nag Hammadi, die aus sachlichen Gründen den unmittelbaren Bezugspunkt bilden, bietet das Judasevangelium einen wichtigen Beitrag zu einem Thema, das dort wenig Beachtung fand.[2] Hier liegt ohne Zweifel die Bedeutung des Werkes, aber ebenso werden hier seine Gren-

---

[1] Verkehrte Welt 76.

[2] S.o. S. 99f.

zen sichtbar, wenn man die Zahl der Schriften und den inhaltlichen Reichtum der Texte aus Nag Hammadi beachtet.

Auf den theologischen Gehalt des Judasevangeliums werden wir noch eigens eingehen.

1. Allgemeine Informationen

Über die Entdeckung der Handschrift und deren wechselvolle Geschichte bis zu dem Zeitpunkt, da der Text untersucht, rekonstruiert und übersetzt werden konnte, informiert das Buch „Das verschollene Evangelium" von Herbert Krosney in leicht lesbarem, journalistischem Stil; für eine detailreiche Darstellung sei auf das Werk verwiesen.[3] Hier werden im Folgenden die Eckdaten zusammengefasst.

Wahrscheinlich 1978 wurde der Band gefunden, in dem sich die Handschriften befanden. Der Fundort war die Katakombe des Jebel Qarara in der Nähe der ägyptischen Stadt Maghagha in der Provinz Al Minya. Nach vielen Irrwegen, die von Krosney minutiös nacherzählt werden, gelangte Frieda Tchacos Nussberger, Inhaberin eines Antiquariats in Zürich, am 3. April 2000 in den Besitz des Kodex. Darum wird er als „Codex Tchacos" bezeichnet. Der Wendepunkt in der Geschichte wird aber erst am 19. Februar 2001 erreicht, als die „Maecenas Stiftung für antike Kunst" in Basel den Text erwirbt.

Es fiel dem emeritierten Genfer Koptologe Rodolphe Kasser die Verantwortung zu, den stark beschädigten Text so

[3] Die wesentlichen Informationen finden sich kurz und überschaubar im Beitrag von *R. Kasser* zur Geschichte des Kodex: Geschichte 50–61.

gut wie möglich wiederherzustellen und zu übersetzen. Gemeinsam mit Florence Darbre, Konservatorin der Bodmer Stiftung, dem Koptologen Gregor Wurst und anderen Mitarbeitern, gelang es ihm, das koptische Original in einer Fassung wieder lesbar zu machen.

Der Text des Judasevangeliums wurde im April 2006 im Internet von „The Maecenas Foundation for Ancient Art" zugänglich gemacht.[4] Über den gegenwärtigen Stand der Dinge bei dieser Rekonstruktion sagt Kasser: „Der in dieser Ausgabe vorgelegte, wenn auch unvollständige Text des Judasevangeliums, bietet jedem, der über dieses apokryphe Werk arbeiten möchte, eine weitgehend kohärente Textgrundlage, wie viel auch immer aufgrund der schlechten Behandlung des Codex Tchacos verloren gegangen ist [...]. Es hat durch natürlichen Zerfall etwa 10–15 Prozent an materieller Substanz verloren."[5]

Der deutsche Leser hat einen zuverlässigen Zugang zum Text in dem von Kasser, Marvin Meyer und Wurst herausgegebenen Band „Das Evangelium des Judas", der – gleichzeitig in mehrere Sprachen übersetzt – von der National Geographic Society im Juni 2006 veröffentlicht wurde. Die deutsche Übersetzung wird durch wertvolle Erläuterungen zum Text in den Fußnoten erschlossen.[6] Das Buch enthält

---

4 Die Übersetzung wurde auf der Grundlage dieses Textes angefertigt unter Berücksichtigung der englischen, spanischen und deutschen Übersetzungen.

5 *R. Kasser,* Geschichte 72. „Noch vor Ende des Jahr 2006 wird die Editio princeps aller Texte des Codex Tchacos veröffentlicht werden" (ebd. 69).

6 Eine neue Übersetzung bietet *U.-K. Plisch,* Das Evangelium des Judas, in: ZAC 10 (2006) 5–14. *G. Lüdemann,* Das Judas-Evangelium,

auch eine Einführung und mehrere Aufsätze, auf die im Verlauf unserer Darstellung Bezug genommen wird.[7]

Die Handschrift hat einen Umfang von 66 Seiten mit einer Höhe von etwa 30 cm und einer Breite von etwa 15 cm. Allgemein sind auf jede Seite 26 Zeilen geschrieben. Neben dem Judasevangelium enthält die Handschrift auch drei andere Schriften. Zwei Texte, die mindestens in einer verwandten Fassung auch in Nag Hammadi gefunden wurden, stehen am Anfang. Die Handschrift umfasst demnach:

- Der „Brief des Petrus an Philippus" (S. 1–9), der der ebenso bezeichneten Schrift in NHC VIII 2 weitgehend entspricht.
- Der „Jakobus" (S. 10–30)[8] dürfte eine andere Fassung der „Ersten Apokalypse des Jakobus" sein (NHC V 3).
- Das bis jetzt unentdeckte „Evangelium des Judas" (S. 33–58).
- Zum Schluss eine bis jetzt unbekannte Schrift, die wahrscheinlich den Titel „Buch des Allogenes" (d. h. des Fremden) trug (S. 59–66).

---

fasst den Inhalt der verschiedenen Abschnitte zusammen und gibt dazu kurze Erläuterungen.

7 In den Anmerkungen wird das Buch mit „JudEv" abgekürzt. – Zwei Details auf dem Einband bedürfen einer Korrektur bzw. einer Klärung. 1. Das Buch enthält kein Vorwort von Bart D. Ehrman, sondern eine Einführung von Marvin Meyer. 2. „Das Evangelium des Judas wurde aus dem koptischen Original in klarer, verständlicher Sprache ins Deutsche übersetzt." Am Anfang steht aber: „Aus dem Englischen übersetzt von Silvia Hirsch".

8 Man weiß nicht, ob die S. 31–32 verloren gegangen sind, oder ob sie nie existierten. Vgl. *R. Kasser,* Geschichte 49.

Dass zwei der in Nag Hammadi gefundenen Schriften auch im Codex Tchacos einen Platz fanden, weist auf einen engen Zusammenhang zwischen den Fundorten hin. Rein geographisch beträgt die Entfernung etwas über 300 km den Nil entlang. Es wäre wünschenswert, dass man über eine allgemeine Vermutung hinaus zu einer näheren Bestimmung dieses Zusammenhangs kommt.

Inzwischen wurden kleine Stücke aus dem Papyrus und aus dem Ledereinband nach dem Radiokarbon-Verfahren untersucht. Daraus ergibt sich eine Datierung in der Zeit des 3. oder 4. Jahrhunderts.[9] Die Echtheit des Codex Tchacos, die durch die äußeren Merkmale der Handschrift nicht in Frage gestellt werden konnte, wird durch dieses Ergebnis zusätzlich untermauert. Diese Datierung bezieht sich auf die koptische Handschrift. Das Original des Judasevangeliums ist älter. Inhaltliche Parallelen sprechen für eine Entstehungszeit im 2. Jahrhundert, was bedeutet, dass der Text in Griechisch abgefasst wurde. Wenn das von Irenäus erwähnte Judasevangelium mit der jetzt veröffentlichten Schrift identisch ist – unabhängig von der Frage, ob Irenäus den Text oder nur eine knappe Zusammenfassung gekannt hat[10] –, dann dürfte das Werk in der Zeit zwischen 150 und 170 entstanden sein. Der Terminus „a quo" ergibt sich aus dem Entwicklungsstand gnostischen Denkens. Der Terminus „ad quem" wird der Tatsache gerecht, dass ein Bericht über die Schrift um 180 sogar in Gallien bekannt ist.

9 *H. Krosney*, Evangelium 290.

10 S.u. S. 153.

2. Literarische Form

Religiöse Literatur, die eine göttliche Offenbarung mitteilen will, benennt in der Regel den Empfänger und den Urheber der Offenbarung. Das gilt gleichermaßen für die jüdische wie für die christliche Überlieferung – und auch in der gnostischen Literatur ist es nicht anderes. Ein Apostel oder eine andere wichtige Gestalt des Urchristentums übernimmt die Rolle des Empfängers der Offenbarung, die Jesus verkündet.[11]

Wie üblich in der damaligen Literatur taucht der Titel „Evangelium des Judas" nur am Ende des Werkes auf, aber im Text selber spielt Judas eine privilegierte Rolle, sodass der Titel dem Inhalt sachlich entspricht. Nach den ersten Worten empfängt Judas eine Offenbarung aus dem Munde Jesu, drei Tage vor dem Paschafest. Als Ort des Geschehens wird allgemein Judäa angegeben (33,22[12]); ansonsten wird Jerusalem vorausgesetzt.

Die literarische Form ist die des Gesprächs zwischen dem Meister und seinem Schüler, was in dieser Literaturgattung

---

[11] Vgl. „Thomasevangelium", Einleitung: „Dies sind die geheimen Worte, die Jesus der Lebendige sagte und die Didymus Judas Thomas aufgeschrieben hat"; „Erste Apokalypse des Jakobus", Einleitung: „Der Herr redete mit mir folgendermaßen: ‚Schaue nun die Vollendung meiner Erlösung! Ich habe dir diese Dinge (bereits früher) angedeutet, Jakobus, mein Bruder'"; „Evangelium der Maria" 10,12–16: „‚Ich habe den Herrn in einer Vision gesehen' – sprach sie – ‚und ich sagte zu ihm: ‚Herr, ich habe dich heute in einer Vision gesehen.' Und er sagte zu mir: ‚Selig bist du, weil du nicht gezweifelt hast, als du mich gesehen hast. Denn dort, wo der Verstand ist, ist auch der Schatz.'"

[12] Die Zahlen geben die Seite und die Zeilen der koptischen Handschrift an.

häufig Verwendung fand.[13] Sie erleichtert es dem Verfasser, sein Anliegen deutlich zur Sprache zu bringen, und dem Leser, es zu begreifen. Der Verlauf des Gesprächs macht dem Leser klar, wer die Worte der Hauptperson verstehen kann und wer nicht. Im Fall einer Offenbarung besitzt das Verstehen eine tiefere Dimension als in einem philosophischen Gespräch. Es handelt sich nicht um den Lehrer, der spricht, sondern um den Offenbarer der Wahrheit Gottes.

3. Struktur

Der Text ist überschaubar gegliedert:

Einleitung

- Inhalt und Zeitangabe: Es ist ein „Logos" – eine Rede, ein Traktat – über die Offenbarung Jesu an Judas, den Jesus „während einer Woche, drei Tage bevor er das Paschafest feierte, zu Judas Iskariot sprach" (33,1–6a).
- Rückblick auf das Wirken Jesu in der Welt, auf seine Wundertaten, auf die Berufung der Jünger und auf die Erscheinungen vor ihnen (33,6b–21).

Erstes Gespräch

Erscheinung Jesu vor seinen Jüngern während einer Eu-

[13] Vgl. Epistula Apostolorum; Brief des Jakobus (NHC I 2); Buch des Thomas (NHC II 7); Apokryphon des Johannes (NHC III 1); Sophia Jesu Christi (NHC III 4); Dialog des Erlösers (NHC III 7); Erste Apokalypse des Jakobus (NHC V 3); Brief des Petrus an Philippus (NHC VIII 2). Die Titel entsprechen selten der tatsächlichen literarischen Gattung der Werke.

charistiefeier: Der Gott der Jünger ist nicht der Gott Jesu (33,22–35,14a).

Zweites Gespräch

Jesus und Judas: Bekenntnis und Erwählung des Judas. Am Schluss verlässt Jesus den gemeinsamen Raum (35,14b–36,10).

Drittes Gespräch

Es findet *am folgenden Morgen* statt. Jesus und die Jünger: Offenbarung über das große und heilige Geschlecht (36,11–37,20a).

Viertes Gespräch

Es findet *an einem anderen Tag* statt. Jesus und die Jünger: Die Vision der Jünger und die Interpretation Jesu (37,20b–43,11).

Fünftes Gespräch

Jesus und Judas:

- Erstes Thema: Die Offenbarung an Judas über die Zukunft des Menschengeschlechts. Am Schluss geht Jesus weg (43,12–44,14).
- Zweites Thema: Die Vision des Judas und die Interpretation Jesu (44,15–47,1a).
- Drittes Thema: Die Offenbarung an Judas über die Entstehung der Welt und der Menschheit (47,1b–53,7).
- Viertes Thema: Die Offenbarung an Judas über die Zukunft der Menschheit (53,8–55,20).
- Fünftes Thema: Die Offenbarung an Judas über seine kommende Verherrlichung (55,21–58,8).

Sechstes Gespräch

Die Hohenpriester und Judas. Die Auslieferung (58,9–26).

Der Überblick lässt eine durchdachte Gliederung erkennen. Die Zeitangabe in der Einleitung wird bei der Entfaltung der Gespräche eingehalten und verdeutlicht. Der Auftakt der Gespräche findet drei Tage, bevor Jesus das Paschafest feierte, statt, die Begegnungen mit Jesus sind auf drei Tage verteilt, wie die Bemerkungen am Anfang des dritten und vierten Gesprächs zeigen. Zwischen dem zweiten und dem dritten Gespräch wird eine größere Zäsur deutlich, weil am Ende der zweiten Begegnung notiert wird, Jesus sei fortgegangen.

Andere Gliederungssignale sind durch den Wechsel der Gesprächpartner gegeben. Im ersten, dritten und vierten Gespräch begegnet Jesus den Jüngern. Sinnvollerweise werden die Begegnungen mit den Jüngern durch das Gespräch mit Judas unterbrochen (zweites Gespräch), das die Grundlage für die ausführliche thematische Darlegung im fünften Gespräch bildet: Judas ist der Auserwählte Jesu.

Die Unterscheidung des letzten Gesprächs in fünf thematische Einheiten ergibt sich zwangsläufig aus seinem Inhalt, die meistens – mit Ausnahme des dritten Themas – von einer Frage des Judas veranlasst werden. Beim vierten Thema (die Offenbarung an Judas über die Zukunft der Menschheit) taucht zweimal die Anrede in der zweiten Person des Plurals auf (54,5.16f); dadurch ändert sich aber die Gesprächssituation nicht. Bedeutsam ist auch die Tatsache, dass diese Offenbarung am letzten Tag stattfindet, unmittelbar vor der Auslieferung Jesu. Durchaus im Einklang mit der Zuspitzung der Ereignisse sind die letzten Sätze gestaltet. In seiner letzten Begegnung mit Judas offenbart ihm Jesus seine bevorstehende Verherrlichung. Am Ende ist Jesus nicht mehr am Gespräch beteiligt. Judas erscheint gemeinsam mit den Hohenpriestern und Schriftgelehrten. Leider gibt es eine Textlücke von etwa fünf Zeilen zwischen beiden Szenen, die den genauen Übergang nicht mehr erkennen lässt. Die Auslieferung Jesu ist beschlossene Sache. Eindrucksvoll knapp und kommentarlos ist der Schluss gestaltet: „Und er lieferte ihn ihnen aus."

4. Inhalt

Die folgende Darstellung orientiert sich meistens, aber nicht immer an der thematischen Reihenfolge des Textes, aus dem nur wenige Abschnitte behandelt werden. Die Berücksichtigung der ganzen Schrift würde die Grenze dieser Studie überschreiten. Es werden nur jene Texte herangezogen, die geeignet scheinen, die Gestalt des Judas im Sinn „seines" Evangeliums zu skizzieren, damit es in das Umfeld der zeitgenössischen christlichen Literatur eingeordnet werden kann.

4.1 Das Gottesbild

Aufschlussreich im Hinblick auf die theologische Orientierung der Schrift sind die Aussagen über Gott. Ein erster wichtiger Hinweis ist im ersten Gespräch Jesu mit seinen Jüngern enthalten, als diese die Eucharistie feiern (33,21–35,14a). Plötzlich erscheint Jesus und lacht. Auf die Frage der Jünger, warum er über ihre Danksagung lache, verneint er, über sie zu lachen. Als Grund seines Lachens gibt er an, dass sie nicht nach ihrem eigenen Willen handeln, sondern „weil dadurch *euer* Gott gepriesen wird" (34,9–10).

Gleich darauf bekennen die Jünger ihren Glauben an Jesus: „Du bist der Sohn *unseres* Gottes“ (34,12–13). Ebenso prompt stellt Jesus den Wert ihres Bekenntnisses in Frage: „Wie kennt ihr mich? Wahrlich, ich sage euch: Es gibt kein Menschengeschlecht unter euch, das mich kennen wird“ (34,15–18).

Die Jünger reagieren auf die Zurückweisung zornig und lästern ihn in ihren Herzen (34,20–22). Die anschließenden Worte Jesu bestätigen nur die Kluft, die zwischen ihm und den Jüngern liegt: „*Euer* Gott, der in euch ist und [...] (den Zorn) in euren Seelen erregt hat“ (34,25–35,1).

Für „Danksagung“ verwendet der Text den griechischen Terminus „Eucharistie“ (εὐχαριστία). Die geschilderte Szene nimmt es mit Faktor Zeit nicht zu genau. Das Erscheinen Jesu bei einer Eucharistiefeier ist nur möglich, wenn er als der Auferstandene erscheint. Für das Anliegen des Verfassers ist jedoch das Problem, dass die Handlung in den letzten drei Tagen vor dem Paschafest und nicht nach dem Tod und der Auferstehung Jesu stattfindet, irrelevant. Die Schrift wendet sich kritisch gegen die Großkirche und ihr gilt die gewichtige theologische Botschaft: Auch wenn die Christen meinen, treu im Bekenntnis zu Jesus als dem Gottessohn zu stehen, bleiben sie einem tiefen Missverständnis verhaftet. Denn sie meinen damit immer einen Gott, der nicht der Gott Jesu ist.

Der strenge Dualismus wird hier nicht näher erläutert. Der Verfasser rechnet damit, dass die Leser die in den Pronomen – bei Jesus: *euer* Gott, bei den Jünger: *unser* Gott – versteckte Aussage verstehen werden. Er lässt aber keinen Zweifel über die Qualität des Gottes aufkommen, den die Jünger verehren. Jesus kann über dessen Verehrung nur lachen, denn er hat mit diesem Gott nichts zu tun. Dieser Gott erregt solche Gefühle wie Zorn in den Herzen der Jünger, die deswegen Jesus lästern. Damit erweisen die Jünger ihre Zugehörigkeit zu diesem Menschengeschlecht, das den Offenbarer nie erkennen wird.

Es wäre nicht sachgemäß, den Gott der Jünger als einen Gott „zweiter Kategorie“ zu bezeichnen, als würde der Verfasser an eine gestufte göttliche Transzendenz denken. Das Judasevangelium bezeichnet diesen Gott nicht explizit als böse; zwischen diesem Gott und dem Gott Jesu gibt es keinen graduellen Unterschied, sondern eine Opposition. Während der Gott Jesu die Wahrheit des Göttlichen verkörpert, stellt der Gott der Jünger dessen Verfälschung dar. Aufgrund dieses Unterschieds ist Jesus seinen Jüngern ebenso fremd wie sein Gott.

Der streng dualistische Typus von Gnosis, der hier zum Vorschein kommt, dürfte grundsätzlich markionitischer Provenienz sein. Weitere Einzelheiten werden später dieses Urteil stützen.

Die Jünger vertreten die Gläubigen der Großkirche. Für den Leser ist der kritische Ton nicht zu überhören. Der Kult liefert hier lediglich den unmittelbaren Anlass der Kritik, aber ihre Spitze ist nicht der Kult[14], sondern das Gottesbild der Großkirche. Die Jünger führen ihren Irrweg in der Gottesfrage anschaulich vor Augen: sie lästern im Zorn den Offenbarer des wahren Gottes.

---

[14] S.u. S. 130ff.

4.2 Das Glaubensbekenntnis des Judas

Im Kontrast zu den Jüngern, die ein wertloses Bekenntnis ablegen, erscheint Judas als der Einzige, der Jesus und seine göttliche Herkunft kennt:

> „Ich weiß, wer du bist und woher du kommst. Du gehörst zum unsterblichen Äon der Barbelo. Ich bin nicht würdig, den Namen dessen auszusprechen, der dich gesandt hat" (35,15–21).

Bei diesem Bekenntnis lässt der Verfasser seinen Judas johanneisch sprechen. In Joh 7,28 spricht Jesus (wohl mit ironischem Unterton) zu seinen Kontrahenten: „Ihr kennt mich und wisst, woher ich bin. Und ich bin nicht von mir aus gekommen, sondern wahrhaftig ist der, der mich gesandt hat, den ihr nicht kennt."

Wie im vierten Evangelium (Joh 8,14) bezeichnet auch hier im Judasevangelium das „Woher" Jesu seine göttliche Herkunft, die sich in der Sendung offenbart. „Du bist der Sohn unseres Gottes" war der misslungene Versuch der Jünger, diese Herkunft zu bestimmen.

Die Beteuerung des Judas, das „Woher" zu kennen, wird durch die Aussage über „den unsterblichen Äon der Barbelo" ergänzt. Der Ausdruck gehört in die Begrifflichkeit der mythologischen Gnosis. Der Terminus „Barbelo" ist eine semitische Prägung, die wahrscheinlich auf die vier Buchstaben des hebräischen Gottesnamens anspielt: b^{e} arba el, „in der Vier ist Gott". Die Barbelo ist das Abbild des Unsichtbaren, des vollkommenen Glanzes des Lichts; sie ist als jungfräulicher Geist aus ihm hervorgegangen. Die radikale

Jenseitigkeit Gottes negiert nicht die Möglichkeit der Selbstoffenbarung, aber er geht darin keineswegs auf. Die Barbelo ist der erste Gedanke Gottes, der an sich den vollkommenen Äon der Herrlichkeit bildet. Aus ihr wird sodann die erste Erkenntnis in Erscheinung treten.

Barbelo stellt die weibliche Komponente des Göttlichen dar – sicherlich als Weiterentwicklung der Weisheitsspekulationen –, aber diese Eigenschaft ist nicht einseitig zu verstehen: „Groß ist der erste Äon, männlich-weibliche Barbelo, die erste Herrlichkeit des unsichtbaren Vaters, die vollkommen genannt wird" („Die drei Säulen des Seth" 121,21–26 [NHC VII 5]).[15] Das Weibliche begründet ihre generative Kraft, aber es hat keine Art von Unvollkommenheit zur Folge.

Der „unsterbliche Äon der Barbelo" meint ihren Machtbereich, in dem sich die Gegenwart des Unsagbaren widerspiegelt. Der unmittelbare Bezugspunkt der Sendung des Offenbarers ist dieser Machtbereich, aber er ist nur die greifbare Folie des Unaussprechlichen. Ganz im Sinn negativer Theologie, der diese Vorstellung zugrunde liegt, erklärt sich Judas als nicht würdig, den Namen dessen auszusprechen, der Jesus in die Welt gesandt hat. Streng genommen hat die Aus-

[15] In den Texten aus Nag Hammadi kommt Barbelo häufig vor. Einige Bespiele: „Apokryphon des Johannes" (NHC II 1) 5, 12s: Barbelo ist der jungfräuliche, unsichtbare Geist; 6,5: Barbelo ist die Vorsehung; 7,15–20: „Der heilige Geist führte zur Vollendung den göttlichen Selbsterzeugten, seinen Sohn, gemeinsam mit Barbelo, damit er vor dem mächtigen, unsichtbaren und jungfräulichen Geist als der göttliche Selbsterzeugte stehen kann, er, der Christus." Die Barbelo-Vorstellung ist häufig belegt in den Texten, die mit der sethianischen Gnosis verwandt sind. Andere Belege in JudEv 23 Anm. 22. Vgl. auch *K. Rudolph,* Gnosis 89; *H. Jonas,* Gnosis 393f.

sage wenig Wert. Wie hätte er den Namen dessen aussprechen können, der keinen Namen hat?[16]

4.3 Judas, der von Jesus Auserwählte

Der Verfasser des Judasevangeliums lässt Judas in die Rolle schlüpfen, die im Neuen Testament der des Petrus im Matthäusevangelium und besonders der des Lieblingsjüngers im Johannesevangelium verwandt ist.

- Nach dem Bekenntnis des Petrus (Mt 16,16) führt Jesus dieses auf eine Offenbarung des Vaters zurück. Sodann erklärt er ihn feierlich zum Felsen, auf dem er seine Kirche bauen werde (16,17f). Für die matthäische Gemeinde ist Petrus der Garant der Überlieferung.
- Der Jünger, „den Jesus liebte", nimmt die gleiche Rolle in der johanneischen Gemeinde ein. Der Offenbarer wird durch seine Nähe zur Quelle der Offenbarung charakterisiert. Wie es zu Joh 13,23 dargelegt wurde[17], ist diese Nähe ganz konkret durch die Körpersprache sichtbar geworden. Zum Schluss wird der Jünger sogar die Mutter Jesu zu sich nehmen (Joh 19,27).

Während in Joh 13,21–30 Judas das Gegenstück des Lieblingsjüngers verkörpert, kehrt das Judasevangelium seine Rolle ins Gegenteil um. Nur ihm werden die Geheimnisse des Reiches offenbart.

---

[16] Vgl. Irenäus, haer. I 29,1: „Und dann ist da ein unnennbarer Vater, sagen sie. Der wollte sich der Barbelo offenbaren."

[17] S.o. S. 48.

Wie Petrus auf sein Bekenntnis hin, so empfängt in ähnlicher Weise auch Judas von Jesus einen besondern Auftrag, der ihn von den anderen Jüngern absondern wird:

> „Trenne dich von ihnen, und ich werde dir die Geheimnisse des Reiches mitteilen. Du kannst dorthin gelangen, aber durch großes Leiden. Denn ein anderer wird dich ablösen, damit die Zwölf wieder vollständig mit ihrem Gott werden" (35,23–36,4).

Die Trennung des Judas von den anderen Jüngern ist das äußerliche Zeichen für die Trennung des Empfängers der Wahrheit von jenen, die im Irrtum verharren werden. Mit der Trennung ist zugleich auch die Befähigung gegeben, das Geheimnis des Reiches zu empfangen.

Erkenntnis ist in der Gnosis das Synonym für Heil. Das Prinzip findet unmittelbare Anwendung in Judas selbst. Er wird in das Reich gelangen, „aber durch großes Leiden" – wörtlich: „durch viel Seufzen". Die Aussage dürfte auf die Erzählungen der Großkirche über das grausame Ende des Judas anspielen. Sein Evangelium wird eine ganz andere Version der Ereignisse darlegen[18], aber es verdrängt nicht die weit verbreitete Version: Er wird „von den anderen Geschlechtern verflucht sein" (46,21f).

Dass ein anderer den Platz des Judas unter den Aposteln einnehmen wird, weist auf die Erzählung von der Nachwahl des Matthias in den Apostelkreis hin (Apg 1,23–26); durch diese Wahl wird die Zwölfzahl des Apostelkreises wieder vervollständigt (Apg 1,26). Später wird das

[18] S.u. S. 150f.

Judasevangelium Judas als den „Dreizehnten“ bezeichnen (44,21; 46,20).

Nicht übersehen werden darf die subtile Kritik, die bei der Erwähnung der Nachwahl mitschwingt. Es ist im Sinn des Judasevangeliums nur logisch, dass ausgerechnet Judas von einem anderen abgelöst wird. Im Kreis der Zwölf hat Judas nichts mehr verloren. Nach der Wahl ist der Zwölferkreis wieder vollständig; die Apostel verbleiben bei *ihrem* Gott, der nicht der Gott Jesu ist. Judas verlässt die Gruppe, weil er einst in das Reich der Barbelo gelangen wird. Im Hintergrund steht die lukanische Vorstellung einer Kirche, die auf dem Fundament der zwölf Apostel errichtet ist. Nun wird die Kritik des Verfassers deutlich. Die Zwölf repräsentieren die Großkirche und ihre Gottesferne.

4.4 Die Offenbarung über die Entstehung der Welt

Jesus ergreift im weiteren Verlauf des Textes die Initiative, um Judas das Geheimnis des „großen und unendlichen Äons“ mitzuteilen (47,1b–53,7).[19] Der Inhalt der Offenbarung ist sowohl eine Kosmogonie – Belehrung über die Entstehung der Welt – als auch eine Kosmologie – Belehrung über ihre Beschaffenheit.

Da es sich um eine umfassende Sicht der Wirklichkeit handelt, vermag nur Gott oder sein Gesandter darüber Auskunft zu geben. Denn in diesem Äon gibt es einen großen

[19] Es ist das dritte Thema des fünften Gesprächs. Vom Umfang her ist es nur mit dem vierten Gespräch vergleichbar: Die Vision der Jünger und die Interpretation Jesu (37,20b–43,11).

und unsichtbaren Geist (47,8f). Um die dem menschlichen Erkenntnisvermögen entzogene Größe des Gegenstands anzudeuten, spielt der Verfasser auf eine Stelle an, die ursprünglich auf Jes 64,3 zurückgeht, die aber auch bereits sehr frei in 1Kor 2,9 wieder aufgenommen wurde[20] und später in gnostischen Schriften noch einmal erscheint.[21]

Das Objekt hier ist der große und unsichtbare Geist:

„den kein Engelsauge gesehen,
und kein Herzensgedanke begriffen hat,
der niemals mit einem Namen genannt wurde“[22] (47,10–14).

Der Inhalt der ganzen Offenbarung zeigt in vielen Einzelheiten die Verwurzelung des Verfassers in der Denkart der mythologischen Gnosis. Aus der komplexen Schilderung von der Entstehung der Welt heben wir einige markante Aspekte hervor.

Der Geist ist das Subjekt der Handlung, aber er wird nicht explizit genannt, ganz so, wie es sich für einen transzendenten Gott gehört. Deswegen tritt eine Lichtwolke auf, die an seiner Stelle wirkt. Durch dieses Bild bleibt die Jenseitigkeit des Göttlichen gewahrt, aber ebenso wird seine Wirksamkeit

---

[20] „Was kein Auge gesehen und kein Ohr gehört hat und was in keines Menschen Herzen gedrungen ist [...]“; Jes 64,3: „Kein Ohr hat gehört, kein Auge hat gesehen einen Gott außer dir [...].“

[21] Vgl. „Thomasevangelium“ 17: „Jesus sagte: Ich werde euch geben, was kein Auge gesehen und was kein Ohr und was keine Hand berührt hat und was nicht zum Herzen des Menschen aufgestiegen ist“. Andere Zeugnisse in JudEv 34 Anm. 88.

[22] Die dritte Zeile geht wohl auf das Konto des Verfassers: Der wahre Gott ist namenlos.

ermöglicht: Ein Engel soll zu seinem Beistand entstehen (47,16–18). Der Engel ist der „Selbsterzeugte“, griech. αὐτογενής [autogenes] (47,19–20). Neben ihm entstehen aus einer anderen Wolke vier Engel, die wiederum zu seinem Beistand da sind (47,22–26). Die Bezeichnung des Engels, der „Selbsterzeugte“, entspricht seiner Rolle als mittlerer Instanz zwischen dem absolut Transzendenten und der Schöpfung. Der Engel geht aus der Wolke hervor und weist damit auf den absolut Transzendenten als seinen Ursprung hin. Zum anderen ergibt sich daraus ebenso deutlich seine Erhabenheit über das Geschaffene. Nicht umsonst heißt er der „Selbsterzeugte“, weil er im Verhältnis zu seiner Schöpfung in sich selbst den Grund für seine Existenz besitzt.

Dieser Engel setzt das „Werk“ dessen fort, der ihn aus der Lichtwolke hervorgehen ließ. Auf diese Weise entstehen Himmelslichter, zehntausende Engel und Äonen des Lichts, die im Dienst ihres Schöpfers stehen und den absolut Transzendenten verehren (47,26–48,21).

Unvermittelt erscheint sodann eine andere Gestalt, die in der ersten Lichtwolke war, aus der der „Selbsterzeugte“ hervorging. Es ist Adamas (48,22), der vollkommene und wahre Mensch.[23] Seine Herkunft aus dem Licht bürgt für seine gött-

[23] Vgl. „Vom Ursprung der Welt“ (NHC II 5) 108,23: „der heilige Adamas“; „Ägypterevangelium“ (NHC III 2) 61,8–10: „Denn dieser Adamas ist Licht, das aus dem Licht hervorgegangen ist“; 49,16–22: „Dann vereinigten sich der große Logos, der göttliche Selbsterzeuger (autogenes) und der unverderbliche Mensch Adamas. Es entstand ein Logos des Menschen. Und der Mensch selber entstand durch ein Wort“; Irenäus, haer. I 29,3: „Als so also alle fertig waren, emanierte der Autogenes außerdem noch den vollkommenen und wahren Anthropos, den sie auch Adamas (den Unbezwingbaren) nennen.“

liche Beschaffenheit. Auch er entfaltet eine überwältigende schöpferische Kraft. Nach dem Abbild des Engels lässt er das unvergängliche Geschlecht des Seth erscheinen.[24]

In einem komplexen generativen Vorgang kommen 72 Leuchtkörper zum Vorschein, die ihrerseits weitere 360 offenbaren. Zur gleichen Anzahl kommt es bei einem anderen Geschehen: Da zu jedem der zwölf Leuchtkörper und ihren Äonen sechs Himmel gehören, gibt es 72 Himmel; den 72 Leuchtkörpern sind je fünf Firmamente beigegeben, also insgesamt 360 Firmamente. Zu dieser himmlischen Fülle gesellen sich zahllose Engel und jungfräuliche Geister, die zum Ruhm und zur Unterstützung des Ganzen beitragen (49,7–50,12a).

Alles in allem wird ein Prozess geschildert, der von einem göttlichen Kern ausgehend, ständig an Größe und Konsistenz gewinnt. Das zeigt sich vor allem an jeder einzelnen erwähnten Gestalt, die am göttlichen Ursprung partizipiert. Der „Selbsterzeugte" übertrifft an Kreativität den großen und unsichtbaren Geist. Er selbst wird seinerseits von Adamas gewaltig übertroffen. Die unvorstellbare Größe, die im Verlauf des Prozesses entstanden ist, gefährdet selbst den eigenen Bestand:

---

[24] Der biblische Seth ist einer der Söhne Adams (Gen 4,25). Als Adam und Eva die Herrlichkeit und die Erkenntnis, die sie im Paradies besaßen, durch ihre Übertretung verlieren, geht sie zu Seth und dessen Nachkommen über. Seth verkörpert die Erkenntnis, die die Welt aus der Gefahr der Sintflut rettet. Die „Apokalypse Adams" (NHC V 5) ist eine wichtige Quelle für das Verständnis der sethianischen Theologie. Zum Schluss des „Ägypterevangeliums", das in die gleiche Schule gehört, wird Seth als sein Verfasser angegeben (68,1–3.11–13).

„Die Menge von diesen Unsterblichen wurde Kosmos, das heißt Verderben[25], genannt vom Vater und von den 72 Leuchtkörpern, die mit dem ‚Selbsterzeugten' und seinen 72 Äonen sind."

Wie konnte es dazu kommen, dass die Entwicklung, die vor allem mit dem Wirken des Adamas einsetzt, am Ende den Kosmos als Verderben hervorbringt? Der Mythos über die Entstehung der Welt enthält auch jeweils einen Abschnitt über einen ursprünglichen Bruch am Anfang, der zur Quelle allen Unglücks wird. Worin dieser Bruch besteht, ist Gegenstand vieler Varianten, aber er ist unvermeidlich, da die Welt in der Gnosis nur als gefallene Welt wahrgenommen wird.

Im Fall ereignet sich das Unfassbare, als im Äon der Wolke der Erkenntnis und der Engel zwölf andere Engel entstehen, die über das Chaos und die Unterwelt herrschen (50,22–51,19). Aus der Wolke geht zunächst ein Engel hervor, der sich von allen anderen deutlich unterscheidet: Sein Gesicht sprüht Feuer, seine Gestalt ist mit Blut befleckt; Nebro ist sein Name, auf Griechisch ἀποστάτης [apostates], der Abtrünnige; von anderen wird er Yaldabaoth genannt. Dann kommt ein anderer Engel aus der Wolke: Saklas, der gemeinsam mit sechs anderen Engeln zum Beistand Nebros bestimmt wird. – Was tragen die Namen zur Charakterisierung der Engel bei?

■ Nebro

Die griechische Übersetzung des Alten Testaments nennt Nimrod, den Helden und Jäger der biblischen Urzeit (Gen

[25] Vgl. Corpus Hermeticum 6,6: „Denn die Welt ist die Fülle des Bösen" (ὁ γαρ κόσμος πλήρωμα ἔστι τῆς κακίας).

10,8f) Nebrod. Gegen Ende seines Traktats „Über die Riesen" (66–67) interpretiert Philo von Alexandrien die Gestalt des Nebrod, obwohl es sich um einen Mann handelt, als Symbol der Seele, die Opfer der Leidenschaft geworden ist. Die Gnosis hat dem Namen eine tiefere Bedeutung gegeben, und zwar als Nebruel. Der Name ist wahrscheinlich durch die Verbindung von Nebro bzw. Nebrod mit dem hebräischen el (Gott) entstanden. Eine Stelle im „Ägypterevangelium" (NHC III 2) weist auf einen engen Zusammenhang mit der Kosmogonie des Judasevangeliums hin:

> „Der Engel Gamaliel sprach: ‚Ein Engel möge hervorkommen, damit er über das Chaos und die Unterwelt Herrscher werde [...] Dann sah Saklas, der große Engel, den großen Dämon, der bei ihm war, Nebruel. Und sie vereinigten sich zu einem Schöpfergeist der Erde und brachten Helferengel hervor. Es sprach Saklas zu dem großen Dämon Nebruel: ‚Es mögen die zwölf Äonen in dem [...] Äon, Welten [...]' Es sprach der große Engel Saklas nach dem Willen des Selbsterzeugten (autogenes) [...]" (57,6–26).

Hier ist Nebruel ein weiblicher Geist, der sich mit Saklas, dem männlichen Geist, vereint. Wie im Judasevangelium haben diese Gestalten die Aufgabe, über Chaos und Unterwelt zu herrschen; dazu erschaffen sie Engel, die dies realisieren sollen.[26]

[26] Andere Parallelen aus der gnostischen Literatur: JudEv 38 Anm. 111.

■ Der Abtrünnige (ἀποστάτης [apostates])

Die Literatur der Großkirche im 2. Jahrhundert gibt dem Terminus einen präzisen Bezugspunkt: Der Abtrünnige ist Satan. In seinem „Dialog mit Trypho" (103,5) bietet Justin eine Populäretymologie des Wortes: Der Name „Satan" bedeutet im Hebräischen und Syrischen „Abtrünniger" (ἀποστάτης).[27] Der gleichen Überlieferung folgt Irenäus (haer. IV 40,3): „Dieser Engel ist nämlich seit eh und je abtrünnig und der Feind (latein. apostata est angelus hic et inimicus), seit er das Geschöpf Gottes zu beneiden begann und den Plan fasste, ihn zum Feind Gottes zu machen." Die Texte beleuchten den markionitischen Hintergrund des Judasevangeliums. Der gefallene Engel, der seinerseits den Fall des Menschen verursacht, ist der Schöpfer der Welt, in der wir leben.

■ Yaldabaoth ist der Schöpfergott des Alten Testaments. Er ist voll Unwissenheit („Apokryphon des Johannes" [NHC II 1] 24,12) und wird auch Saklas genannt („Wesen der Archonten" [NHC II 4] 95,9f); er weiß nichts von der Macht der Sophia („Vom Ursprung der Welt" [NHC II 5] 100,19f) u. a.

■ Saklas

Im Judasevangelium wird Saklas nicht mit Nebro gleichgesetzt, wenngleich die Beziehung zwischen beiden sehr eng ist. Nach dem „Apokryphon des Johannes" (NHC II 1) 11,16–17 ist Yaldabaot der erste Name des Schöpfergottes, der zweite ist Saklas. – Im zitierten Bericht des Ägypterevangeliums über den Herrscher dieser Welt erscheint auch eine

[27] Nach Philo bedeutet Nebrod „Überläufer" (gig. 67).

Wolke der „hylischen (materiellen) Sophia, und sie hat eine Gestalt wie Blut" (56,26–57,6).

In wörtlicher Anspielung auf Gen 1,26 sagt Saklas zu seinen Engeln: „Lasst uns einen Menschen schaffen nach Gleichnis und dem Abbild" (52,16–18). Der Schöpfer des Menschen ist keiner der höheren Instanzen, sondern eine himmlische Gestalt, die an ihrem mit Blut befleckten Gesicht die tiefe Depravierung des Göttlichen offenbart.

In der Darstellung der Lehre der Barbelo-Gnostiker, so berichtet Irenäus (haer. I 29,2f), wird der „Selbsterzeugte" aus dem Gedanken (griech. ἔννοια [ennoia]) und dem Wort (λόγος [logos]) emaniert. Aus ihm geht Adamas, der vollkommene Mensch, hervor.

Nach dem System des Gnostikers Basilides entsteht die Welt (wie im Judasevangelium) in einem Prozess gradueller Entfernung vom Ursprung. Vom ungezeugten Vater wird der Logos gezeugt, von diesem das Denken (φρόνησις [phronesis]) und die Kraft (δύναμις [dynamis]). Aus diesen entstehen die Kräfte, Archonten und Engel, die den „ersten Himmel" machen. In einer langen Reihe von Emanationen entstehen in absteigender Folge weitere Archonten und Engel, aus denen schließlich 365 Himmel hervorgehen. „Deshalb hat das Jahr diese Anzahl von Tagen in Entsprechung zur Zahl der Himmel" (haer. I 24,3).

Die Vorstellung eines Entstehungsprozesses, der emanationsartig aus einem göttlichen Kern hervorgeht, erklärt die zunehmende Degradierung im Verhältnis zum Anfang. Wie die Parallelen zeigen, bedient sich der Verfasser des Judasevangeliums bei seiner Darstellung vieler Elemente, die in gnostischen Kreisen geläufig waren und schon eine beachtliche Systematik erreicht hatten. Aber diese Systematik kommt nicht als abstrakte Reflexion zur Sprache, sondern als mythische Erzählung, die, ohne einer strengen argumentativen Ordnung zu folgen, die Ereignisse des Anfangs als Ausdruck einer immer gültigen Wahrheit überliefert. Es ist die Wahrheit des Mythos: Nichts davon ist je geschehen. Es ist aber immer so.[28]

4.5 Die Kritik an der Großkirche

4.5.1 Das „große und heilige Geschlecht“

Nachdem Jesus Judas die Offenbarung des Geheimnisses über das Reich ankündigt[29], trifft er sich am darauffolgenden Tag mit den Jüngern.[30] Als sie ihn fragen, wohin er gegangen sei, antwortet Jesus: „Ich bin zu einem anderen, großen und heiligen Geschlecht gegangen“ (36,15–17). Die Jünger sind überrascht, dass es ein mächtigeres und heiligeres Geschlecht als das ihre gibt. Jesus lacht über ihre Haltung und sagt über dieses Geschlecht:

> „Niemand, der in diesem Äon geboren wurde, wird jenes Geschlecht sehen. Und kein Engelheer der Sterne wird

[28] So definiert den Mythos der neuplatonische Sallustius, Über die Götter und die Welt 4,9.

[29] Zweites Gespräch: Jesus und Judas: Bekenntnis und Erwählung des Judas (35,14b–36,10).

[30] Drittes Gespräch: Jesus und die Jünger: Offenbarung über das große und heilige Geschlecht (36,11–37,20a).

über jenes Geschlecht herrschen, und kein Sterblicher wird sich ihnen anschließen, denn jenes Geschlecht stammt nicht aus [Textlücke]" (37,1–9).

Nach dem Gespräch mit Judas hatte sich Jesus von ihm lediglich entfernt (36,10), er hatte aber diese Welt noch nicht verlassen. Diese Einzelheit wirft Licht auf den Charakter „jenes Geschlechts", der es von allen anderen Menschen unterscheidet: Sie sind in der Welt, aber die „normalen" Weltbürger können sie nicht sehen. Ihre Erhabenheit lässt auch die himmlischen Mächte, die über die Sterne herrschen, nicht über sie gebieten. Es ist von daher klar, dass sie in der Welt allein bleiben. Wie soll ein Sterblicher in Kontakt mit ihnen treten, wenn sie nicht einmal sichtbar sind?

Das Besondere am „großen und heiligen Geschlecht" liegt in seinem Ursprung begründet. Leider ist der Text an der entscheidenden Stelle beschädigt, und die Aussage darüber bleibt unvollständig, aber man kann den Inhalt erraten: Es stammt aus dem Reich des Lichts, der Barbelo. Hingegen hat das Geschlecht der Menschen seinen Ursprung in den Menschen selbst (37,10–13). Göttliche Transzendenz und menschliche Immanenz stehen sich unversöhnlich gegenüber.

Die Szene schließt mit der Feststellung, dass die Jünger, als sie die Worte Jesu hörten, in ihren Geistern erschraken und kein Wort sagten (37,18–20).[31]

Die Aussage über das „große und heilige Geschlecht" zeigt einen wichtigen Inhalt der gnostischen Anthropologie: die Unterscheidung der Menschheit in drei Kate-

---

[31] Ähnlich: 39,4–5.

gorien: Pneumatiker, Psychiker und Irdische bzw. Materielle.[32]

Die Gnostiker übernehmen diese Kategorien aus der griechischen Anthropologie, aber sie verleihen ihnen einen neuen Sinn. Die Griechen verstanden darunter drei konstitutive Komponenten des Menschen:

- Der *Geist* oder das *Pneuma* meint den Bereich des Verstandes und der geistigen Vollzüge.
- Die *Psyche* ist die Kraft des Lebens und der Bewegung, die die Menschen mit allen anderen Lebewesen verbindet – auch mit den Himmelskörpern.
- Die *Materie* meint den konkreten Stoff des Leiblichen und des überhaupt Greifbaren.

Auf der Grundlage dieser Kategorien bauen die Gnostiker ein System auf, das nicht nur alle Menschen erfasst. Die Anthropologie wird darüber hinaus zur Heilslehre:

- Die *Pneumatiker* sind die Gnostiker, d. h. die Menschen, die am göttlichen Geist teilhaben und von ihrem Ursprung aus ihm wissen.
- Den Gegensatz dazu bilden die *Irdischen,* die auch *Materielle* oder *Fleischliche* genannt werden. Es sind die Menschen, die in der Sphäre des Irdischen verhaftet sind und daher nie zu der Heil bringenden Erkenntnis gelangen werden. Sie nehmen konkrete Gestalt in den Gläubigen der Großkirche an, die ständig ihr Heil in der kultischen und sakramentalen Praxis der Kirche suchen, und damit zugeben, es in dieser Welt nicht gefunden zu haben.

---

[32] Vgl. „Vom Ursprung der Welt" (NHC II 5) 122,7–9; Irenäus, haer. I 8,3. Zum Thema vgl. *H. Jonas,* Gnosis 212–214.

- Die Gruppe dazwischen bilden die *Psychiker*, die sich noch in die eine oder die andere Richtung bewegen können. Streng genommen passt diese Kategorie nicht zum gnostischen Denken. Sie sind weder durch die Erkenntnis gerettet noch durch ihre Ignoranz hoffnungslos verloren. Dass sie dennoch zum System gehören, hat wahrscheinlich seinen Grund in der Lage der gnostischen Gemeinden.[33] Ihre Mitglieder haben nicht zuletzt durch ihre Schriften versucht, die Gläubigen der Großkirche für ihre Überzeugung zu gewinnen. Sie selbst konnten feststellen, dass dies oft auch gelang. Die strikte Unterscheidung zwischen Pneumatikern und Materiellen war in dieser Hinsicht wenig hilfreich. Die Kategorie der Psychiker war daher eine Forderung des Systems, wollte es der Wirklichkeit entsprechen und sie erklären.

Das „große und heilige Geschlecht“ im Judasevangelium sind die Gnostiker, die in der Welt leben, ohne zur Welt zu gehören. Jesus kommuniziert mit diesem Geschlecht, während die Jünger erschrocken und sprachlos reagieren. Ihr fatales Missverständnis besteht darin zu glauben, sie selbst seien erhabener und heiliger. Das Lachen Jesu über sie ist die sachliche Antwort. Auf diese Weise konfrontiert der Text die Gläubigen der Großkirche mir ihrer Situation, in der sie sich befinden.

---

[33] Vgl. *K. Rudolph,* Gnosis 99.

4.5.2 Die Kultkritik

Nach dem Gespräch mit Jesus über das „große und heilige Geschlecht“ erzählen die Jünger eine Vision, die ihnen im Traum offenbart worden ist.[34] Sie sahen einen großen Altar und dort zwölf Männer, die als Priester die Opfer darbrachten. Ihr Verhalten ist auffällig. Einige opfern ihre eigenen Kinder, andere ihre Frauen. Manche wiederum schlafen mit Männern, andere schließlich vollbringen viele Sünden und Frevel. Die Männer am Altar rufen den Namen Jesu an und bringen dabei ihre Opfer dar (38,1–39,2). Nachdem die Jünger die Vision berichtet haben, schweigen sie (39,4f), als würden sie mit dem Inhalt nichts anfangen können.

Wie häufig bei apokalyptischen Texten, die von einem Traum oder einer Vision berichten, ist für ihre Interpretation eine Person erforderlich, die den Sinn der rätselhaften Mitteilung entschlüsseln kann. Jesus übernimmt diese Aufgabe und löst sie in Form einer einfachen, direkten Allegorie:

> „Die, die die Gaben auf dem Altar darbringen, den ihr gesehen habt, das seid ihr. Dieser ist der Gott, dem ihr dient. Die zwölf Männer, die ihr gesehen habt, das seid ihr. Die Tiere, die als Schlachtopfer dargebracht werden, sind die vielen, die ihr vor dem Altar in die Irre geführt habt“ (39,18–40,1).

Die Fortsetzung der Erklärung der Vision erinnert an die Verwirrung der Endzeit: Einer wird auftreten und den Namen Jesu gebrauchen, sodass das Geschlecht der Frommen

---

[34] Viertes Gespräch: Jesus und die Jünger: Die Vision der Jünger und die Interpretation Jesu (37,20b–43,11).

bei ihm bleiben wird; ein anderer wird sich vor die Unzüchtigen hinstellen; ein anderer vor die, die Kinder opfern; wiederum ein anderer vor die, die mit Männern schlafen und vor die, die enthaltsam leben, und überhaupt vor die Unreinen, Gottlosen und Betrüger, die sich für Engel halten (40,4–16). Es bewahrheitet sich, was dem menschlichen Geschlecht gesagt wurde: „Seht, Gott nimmt euer Opfer aus den Händen der Priester, das heißt, eines Dieners des Irrtums" (40,18–23).

Im Anschluss an diese vernichtende Kultkritik fordert Jesus die Jünger auf, die Darbringung der Opfer (41,2–4) sowie den Kampf gegen ihn zu unterlassen (42,6f).

4.5.2.1 Die Kritik an den Kultdienern

Die zwölf Männer, die am Altar als „Priester" tätig sind, sind nach der Deutung Jesu die zwölf Jünger. Es ist wenig wahrscheinlich, dass die Ausdrucksweise die Sprache der Großkirche wiedergibt. Im 2. Jahrhundert werden die Verantwortlichen für den Vollzug des Kults noch nicht Priester genannt. Die Diktion erklärt sich aus dem Interesse, die alttestamentlichen Opfer, die der geschilderten Handlung entsprechen, und den christlichen Gottesdienst miteinander in Verbindung zu bringen.

Die Priester, die in der Vision auftreten, sind sittlich verdorbene Menschen:

- *Einige opfern ihre Kinder.* Die merkwürdige Bemerkung[35] dürfte auf die heidnische Polemik gegen die Christen zu-

[35] Das Thema kommt auch vor in der Offenbarung an Judas über die Zukunft der Menschheit (53,8–55,20): „In meinem Namen werden sie Unzucht treiben und ihre Kinder opfern" (54,24–26).

rückgehen. Diese wurden nämlich der Menschenfresserei angeklagt.[36] Im Hintergrund des Vorwurfs steht ein Missverständnis der Eucharistie, das durch das christliche Sprechen über das „Fleisch des Gottessohnes" entstehen konnte. Während sich die christlichen Apologeten gegen diesen Vorwurf zu Wehr setzen, integriert ihn der Verfasser in sein kritisches Repertoire gegen die Großkirche.

- *Andere opfern ihre Frauen.* Die Behauptung lässt sich kaum wörtlich nehmen. Sie wird verständlicher, wenn man sie im Zusammenhang mit der folgenden Aussage auslegt: *Sie schlafen mit Männern.* Wenn die Priester ihre Frauen mit Männern betrügen, werden sie auch zulassen, dass diese sich der völligen sexuellen Freizügigkeit hingeben. Besteht zwischen beiden Aussagen kein Zusammenhang, dann wäre der Vorwurf der Homosexualität allein der Grund für die Unwürdigkeit der Kultdiener. Wie dem auch sein – auf jeden Fall ist die sexuelle Verkommenheit der Priester ein markanter Aspekt ihrer Charakterisierung.
- *Andere sündigen und freveln viel.* Die pauschale Angabe führt zum kultischen Geschehen zurück. Die Priester rufen den Namen Jesu an, wenn sie ihre Opfer darbringen. Auf der Deutungsebene: Die Jünger, die Jesus nie erkannt haben und sich moralisch zutiefst unwürdig erweisen, wagen es, sich auf Jesus zu berufen, um ihre kultische Praxis zu legitimieren.

In der Polemik gegen Dissidenten dient die Aufdeckung der moralischen Fehler der Gegner – meistens als Diffa-

---

[36] Vgl. Athenagoras, leg. 35,1.

mierung – als probates Mittel, das oft angewandt wurde. Die Autoren der Großkirche, die gegen die Gnosis und die Gnostiker zu Felde zogen, haben es mit zunehmender Intensität angewendet. Irenäus, der am Anfang der großen Häresiologen steht, schreibt verhältnismäßig wenig zum Thema (vgl. haer. I 6,3–4). Was dann jedoch Epiphanius von Salamis zwei Jahrhunderte später über die libertinistische Praxis einiger gnostischen Gruppen schreibt, lässt selbst abartigste Details nicht unerwähnt (vgl. pan. 25,2,1–26,24,7). Die Texte aus Nag Hammadi lassen indes keine libertinistischen Tendenzen erkennen, was aber kein letztgültiges Urteil begründet. Der Libertinismus scheint auf jeden Fall kein dominanter Zug der gnostischen Gemeinden gewesen zu sein.[37]

Der zitierte Abschnitt aus dem Judasevangelium bezeugt, dass die Gnostiker ihren Kritikern aus der Großkirche mit der gleichen Münze heimzahlten.[38] Jetzt sind es ihre „Priester“, d. h. ihre Leiter, die in gleicher Weise angeklagt werden. Die allegorische Deutung Jesu ist eindeutig: Die Personen der Vision, diese „seid ihr“.

Ein anderer kritischer Aspekt bezieht sich das Verhältnis der Kultdiener zu den anderen Gläubigen. Letztere entsprechen in Wirklichkeit den Tieren, die zum Schlachten geführt werden, und so werden sie von den Priestern irre-

---

37 Vgl. *K. Rudolph,* Gnosis 254–256.

38 Kelsos, ein unverdächtiger Zeuge der innerkirchlichen Auseinandersetzungen, weiß darüber zu berichten: „Sie beschimpfen sich gegenseitig auf übelste Weise mit sagbaren und unsagbaren Ausdrücken und sie würden nicht nachgeben, auch nicht im Hinblick auf die Eintracht, denn sie hassen sich gegenseitig durchaus“ (cels. 5,63).

geführt. Die vermittelnde Funktion der Priester, die vom Volk die Opfergaben empfangen, wird hier zur bewussten Irreführung. Jeder dieser Priester ist „ein Diener des Irrtums".[39]

Der Abschnitt bringt eine radikale Kritik, die die Frage nach einer möglichen legitimen Form des Kults gar nicht erst aufkommen lässt. Sein grundlegendes Defizit rührt aber nicht vom mangelnden Bezug zum Alltag her – wie in der Kultkritik der Propheten –, sondern haftet den notwendigen Referenten jeder kultischen Handlung an: Gott und den Menschen.

4.5.2.2 Der Gott der kultischen Verehrung

„Dieser ist der Gott, dem ihr dient" – gegen Ende der Schrift wird die Aussage noch deutlicher: „Sie bringen dem Saklas Opfer dar" (56,12f). Wie oben dargelegt, ist Saklas der böse Schöpfer des irdischen Menschen.[40] Ihm gilt die kultische Verehrung der Großkirche. Die Qualität dieses Gottes wird durch seine Diener adäquat repräsentiert. Demzufolge ist der Kult der Großkirche eine sinnlose Handlung. Auf der anderen Seite bestätigt dieser Kult die mächtige Gültigkeit des Irrtums, die vom Wirken des Schöpfergottes in der Welt ausgeht und nun von den Kultdienern neu gestaltet wird. Die Aufforderung Jesu an die Jünger, sie sollen damit aufhören, Opfer zu bringen und gegen ihn zu kämpfen, resultiert aus dieser Sicht der kirchlichen Realität.

---

39 Die Verwendung des griechischen Wortes διάκονος [diakonos] legt den Bezug auf den Kult der Großkirche nahe.

40 S.o. S. 124f.

Eine Religion, die in der Erkenntnis das Hauptmoment im Vollzug des Heilsgeschehens sieht, wird schwerlich dem Kult große Bedeutung einräumen. Die gnostischen Zeugen insgesamt jedoch offenbaren ein uneinheitliches Bild.[41]

Kein anderer Text demonstriert die Geltung der Sakramente im Leben einer gnostischen Gemeinde so wie das Philippusevangelium: „Der Herr vollbrachte alles im Mysterium: Taufe, Salbung, Eucharistie, Erlösung und Brautgemach" (68). Aber eine zum Teil mit der Großkirche übereinstimmende sakramentale Praxis bedeutet nicht, das hier das gleiche Sakramentenverständnis vorliegt. Es ist sicherlich als eine beachtliche theologische Leistung anzusehen, vieles der gemeinsamen kirchlichen Vergangenheit abgewonnen zu haben, und, auch wenn Neues geschaffen wurde, in all dem ein eigenes gnostischen Selbstverständnis zu entwickeln.

---

[41] *K. Rudolph,* Gnosis 234, stellt drei Grundeinstellung heraus: „1. Die stillschweigende Beibehaltung kultischer Zeremonien aus der Umwelt, mit Anpassung an das eigene Denken, was oft einer Umdeutung entspricht. 2. Erweiterung, Ausbau oder gar Neuschaffung von Zeremonien, vielfach als Ergebnis einer Umsetzung aus der Mythologie. [...] 3. Ablehnung oder zumindest starke Vergeistigung des Kultes." Irenäus sah den Sachverhalt ähnlich: „Etliche von ihnen sagen allerdings, es sei überflüssig, sie zum Wasser (der Taufe) zu führen. Sie mischen unter bestimmten Formeln, ähnlich den schon erwähnten, Olivenöl mit Wasser zusammen und gießen das den Einzuweihenden auf den Kopf. Das ist nach ihrer Vorstellung die Erlösung. Aber die Salbung mit Balsamöl praktizieren sie ebenfalls. Andere lehnen das alles ab und vertreten den Standpunkt, dass man das Mysterium der unaussprechlichen und unsichtbaren Kraft nicht durch sichtbare und vergängliche Dinge begehen darf und das der undenkbaren und körperlosen (Kräfte) (nicht) durch wahrnehmbare und körperliche (Dinge). Die vollkommene Erlösung ist eben die Erkenntnis der unsagbaren Größe" (haer. I 21,4).

Das Judasevangelium lehnt den Kult der Großkirche unerbittlich ab. Pflegte seine Gemeinde nur einen Kult „in Geist und Wahrheit" als äußerliches Zeichen auf dem wahren Weg der Erlösung? Oder nahm sie die gleiche rigorose Haltung an, die sie gegenüber der Großkirche vertrat? Wir wissen es nicht. Es wäre nicht richtig, aus dem Schweigen über jede positive Kultform vorschnell Schlussfolgerungen zu ziehen.

4.5.3 Zur Kirchenkritik des Judasevangeliums

Nicht nur das Judasevangelium übt Kritik an der Großkirche, auch einige Texte aus Nag Hammadi tun dies. Im Vergleich zu ihnen zeigt sich aber die Eigenart des Judasevangeliums:

- Das „Zeugnis der Wahrheit" (NHC IX 3)

Die Schrift enthält eine Homilie in klarer polemischer Absicht. Ihr Gegenstand sind auch andere gnostische Gruppen wie etwa die Anhänger des Valentin (56,1), des Basilides (57,8) oder des Simon Magus (58,2), aber das Augenmerk richtet sich auf die Großkirche. Den Gläubigen wird vorgeworfen:

- Sie wissen nicht, wer Christus ist (32,1–2);
- sie geben sich dem Martyrium hin in der Überzeugung, Gott ein Opfer zu bringen (32,3–8; 33,25–34,11);
- sie irren, wenn sie die Auferstehung des Fleisches erhoffen (37,3–4);
- sie üben sich nicht in der erforderlichen sexuellen Askese (45,19–22);
- wie Blinde beten sie einen Gott an, der keine Erkenntnis besitzt (47,4–48,16);
- sie empfangen eine wertlose Taufe (69,7–33).

Bemerkenswert an dieser Kritik ist die häufige Verwendung der Heiligen Schrift, um sie zu begründen.

■ Die „Apokalypse des Petrus" (NHC VII 3)

Es handelt sich um eine Offenbarung des Heilands an Petrus. Wie im „Zeugnis der Wahrheit" richtet sich die Kritik an mehrere Adressaten. Dass gerade Petrus, der sich im 2. Jahrhundert zum festen Bezugspunkt der kirchlichen Orthodoxie etabliert hat, zum Empfänger einer Offenbarung wird, die auf die kirchlichen Amtsträger abzielt, fällt auf.

Nach polemischen Aussagen gegen die Anhänger des Simon Magus (74,10–34) und gegen die Teilnehmer an Mysterienfeiern (76,24–34) werden die Bischöfe und Diakone kritisiert:

> „Es werden aber andere von denen, die sich außerhalb unserer Zahl befinden, auftreten, die sich ‚Bischof' nennen lassen, und außerdem ‚Diakone', als ob sie Vollmacht von Gott erhalten hätten, und die sich zu Tisch legen nach dem Gesetz der ersten Plätze. Das sind die Gräben ohne Wasser" (79,22–30).

Der Grund für die Kritik ist hier die mangelnde Legitimität der Amtsträger, die darüber hinaus nicht nach der Weisung Jesu handeln, sondern die ersten Plätze am Tisch einnehmen (vgl. Mt 23,6). Die Offenbarung unterscheidet auch zwischen dem Zwölferkreis und den „anderen", die als Amtsträger auftauchen. Die Jünger Jesu sind hier nicht Objekt der Kritik.

Der polemische Ton des Judasevangeliums übertrifft an Aggressivität und Schärfe bei Weitem andere Zeugen aus Nag Hammadi. Von dem elitären Bewusstsein dessen, der sich gerettet weiß und daher auf die anderen mit selbstgefälliger Überlegenheit herabschauen kann, ist hier nichts zu spüren. Die Unmittelbarkeit des Angriffs spiegelt vielmehr eine Situation wider, in der sich die Gemeinde in einem unmittelbaren Konflikt mit der Großkirche befindet. Der Bruch mit ihr ist schon vollzogen, aber der Verfasser hält es für notwendig, die Trennung mit allem Nachdruck zu bekräftigen.[42]

Sucht man nach einer Analogie bezüglich der Sprache und der Heftigkeit der Polemik, können nur die Häresiologen der Großkirche mithalten. Die oben erwähnten Texte eines Irenäus oder Epiphanius über die sexuellen Verfehlungen der Gnostiker können als Beispiel genügen.

Das soll aber nicht vergessen lassen, dass die harte polemische Sprache bei den innerkirchlichen Kontroversen nicht erst bei der Bekämpfung der Gnosis ihren Platz erhielt, sondern schon in neutestamentlichen Texten reichlich belegt ist (vgl. 1Tim 4,1–2; 2Tim 3,1–9; Tit 1,10–14; 1Joh 2,18–22; Jud 8–16; 2Petr 2,10b–22). Als das Judasevangelium geschrieben wurde, existierte also bereits eine lange polemische Tradition, die weder durch Augenmaß noch durch den Willen zur Objektivität geprägt war.

---

[42] Wir kommen noch auf das Thema zurück: s.u. S. 155.

4.6 Durch Leiden zur Vollendung

4.6.1 Die letzten Fragen des Judas

Bevor Judas die Offenbarung über das Geheimnis des Reiches empfängt[43], erzählt er seinem Meister von einer Vision. Es folgt eine Deutung durch Jesus; danach stellt Judas dem Herrn zwei Fragen über sein eigenes Schicksal, die im Folgenden behandelt werden.[44]

In der Vision sieht sich Judas zusammen mit den zwölf Jüngern. Sie verfolgen und steinigen ihn. Nach einem abrupten Szenenwechsel kommt Judas zu einem Haus, dessen Größe von seinen Augen nicht erfasst werden kann. Viele Leute wollen dort hineingelangen. Anscheinend möchte auch Judas mit dieser Menge aufgenommen werden (44,24–45,12). Doch die Deutung im Wort Jesu klingt ernüchternd: Kein sterblicher Mensch sei würdig, in das Haus hineinzugehen:

> „Dieser Raum ist den Heiligen vorbehalten. Weder Sonne noch Mond herrschen dort. Aber die Heiligen werden dort in dem Äon ewiglich mit den heiligen Engeln wohnen" (45,18–24).

Die Vision enthält zwei Themen: Zunächst die Zukunft des Judas vor der Bedrohung und Gefahr, die von den

---

43 Fünftes Gespräch. Drittes Thema: Die Offenbarung an Judas über die Entstehung der Welt und der Menschheit (47,1b–53,7).

44 Zweites Thema: Die Vision des Judas und die Interpretation Jesu (44,15–47,1a).

zwölf Jüngern ausgeht; sodann die Aussicht auf die Vollendung im Haus der Heiligen. Zum ersten Thema sagt Jesus in seiner Deutung nichts. Zum zweiten betont er die unüberwindliche Kluft zwischen der irdischen Wirklichkeit und der ewigen Vollendung. Angesichts dieses Vorbehalts richtet Judas zwei Fragen an Jesus, die seine endgültige Gestalt betreffen.

- „Ist es möglich, dass mein Same unter die Macht der Archonten gerät" (46,5–7)?

Der Terminus „Same" (griech. σπέρμα [sperma]) lässt sich individuell auf Judas beziehen oder kollektiv auf seine Nachkommenschaft. Das eine schließt das andere nicht aus. Der Same ist der geistige Kern des Gnostikers, der in seiner Nachkommenschaft leben wird. Die „Archonten" (griech. ἄρχοντες [archontes]) sind die himmlischen Mächte, die im Dienst des bösen Schöpfergottes stehen und in dem Himmel herrschen, der ihnen von ihrem Gott zugewiesen wurde.[45]

Die Antwort Jesu ist leider unvollständig erhalten; was erhalten geblieben ist, lässt sich kaum deuten: Judas werde viel leiden (er wird viel seufzen), wenn er das Reich und sein Geschlecht sehen wird (46,11–13).

- „Was ist der Vorteil, den ich empfangen habe? Du hast mich für jenes Geschlecht ausgesondert" (46,15–18).

Judas fragt hier nach dem Sinn seiner Erwählung, ganz folgerichtig aufgrund des ersten Teils seiner Vision. Die Frage

[45] Zwei Traktate aus Nag Hammadi berichten ausführlich über die Archonten: „Vom Wesen der Archonten" (NHC II 4) und „Vom Ursprung der Welt" (NHC II 5).

lässt eine zweifache Deutung zu: (1) Die Aussonderung des Judas nimmt auf die Tatsache Bezug, dass er rein äußerlich in dem Kreis war, der sich gegen ihn wendet. In diesem Sinn wäre es eine Ergänzung zur zuvor gestellten Frage. (2) „Jenes Geschlecht" bezieht sich auf das heilige Geschlecht, zu dem Judas aufsteigen wird, was als Ausdruck seiner Hoffnung interpretiert werden darf.

Die Antwort Jesu verheimlicht ihm nicht die düstere Zukunft, verweist aber zugleich auf eine andere Dimension:

> „Du wirst der Dreizehnte sein und wirst von den anderen Geschlechtern verflucht, aber du wirst über sie herrschen. In den letzten Tagen werden sie deinen Aufstieg zum heiligen Geschlecht verfluchen" (46,19–47,1).

Zum zweiten Mal bezeichnet Jesus Judas als den „Dreizehnten" (46,20). Schon bereits bei der Aufforderung, seine Vision zu erzählen, hatte ihn Jesus als „du, dreizehnter Geist" (44,21) bezeichnet. Auch hier setzt der Text die Kenntnis der Nachwahl des Matthias voraus.[46]

Jesus spricht im Futur, das aber, als das Judasevangelium geschrieben wurde, schon Gegenwart war. Im Verhältnis zum Zwölferkreis wird Judas schließlich zum „Dreizehnten" degradiert, eine Bezeichnung, die jedoch die christliche Literatur so nie verwendet.[47] Nach seiner Wahl ergänzt Matthias die Zahl der Zwölf, aber Judas wird nicht mehr als Mit-

---

[46] Die Ablösung durch Matthias (35,23–36,4) wurde oben behandelt: s.o. S. 117f.

[47] Aus der theologischen Sicht der Apostelgeschichte könnte man höchstens Paulus als den „dreizehnten" Apostel zählen, vgl. Apg 9,27.

glied der Gruppe gezählt. Er bleibt der, der sich von ihnen getrennt hat, als er Jesus auslieferte.

Der Fluch der anderen Geschlechter ist nun sichtbar in der Verurteilung durch die Großkirche. Der Name des Judas wird zum Synonym für Verrat.

Sowohl Fluch als auch Segen bezeichnen weit mehr, als sie vordergründig aussagen; es geht um das Handeln Gottes, der das Leben ablehnt und es dadurch dem Tod preisgibt bzw. der das Leben schützt und wachsen lässt.

Bei Judas vermag der Fluch der anderen Geschlechter seine Wirkung nicht zu entfalten. Der Schöpfergott, der hinter dem Fluch seiner Diener steht, kann dem Gott, der Jesus seinem Jünger Judas offenbart, keine Konkurrenz machen. Das Zeichen dieses unvergleichlichen Vorrangs wird darin sichtbar, dass Judas über die Geschlechter herrschen wird, die ihn wegen seines Aufstiegs zu seinem Gott verfluchen.

Das Ende des Judas ist kein Desaster, wie es in den Evangelien des Matthäus und des Lukas geschildert wird. Wie sein Meister wird auch Judas in den transzendenten Bereich hinaufsteigen, in dem sich das „heilige Geschlecht" befindet. Der Gnostiker kehrt an den Ort seines Ursprungs zurück und verlässt für immer die von den bösen Schöpfergott hervorgebrachte und gefallene Welt. Der Aufstieg offenbart den Triumph des Judas, in dieser „Stunde der Wahrheit" ist die Macht des Fluchs unbedeutend geworden.

4.6.2 Die Stunde der Vollendung

Die letzte Begegnung Jesu mit Judas eröffnet mit einer Frage des Judas: „Was werden jene tun, die auf den Namen Jesu getauft worden sind?" (55,21–23). Von der Antwort Jesu ist in der Handschrift wenig erhalten geblieben. Die Anspielung auf jene, welche dem Saklas opfern, könnte auf die Christen der Großkirche hinweisen. Wahrscheinlich sind die auf den Namen Jesu Getauften die gleichen, die bei ihren Opfern den Namen Jesu anrufen (38,25f).

Die folgenden Sätze Jesu kündigen die Erhöhung des Judas und den tieferen Sinn seiner Auslieferung des Meisters an: „Du wirst alle übertreffen. Denn du wirst den Menschen opfern, der mich trägt“ (56,17–20). Die Ereignisse, die noch zu berichten sein werden, erläutern den Sinn der ersten Aussage. Die zweite klingt rätselhaft, ihre Bedeutung erklärt sich aber im Zusammenhang des gnostischen Menschenbildes.

Der konstitutive Kern des Menschen ist sein Geist. An ihn richtet sich die Botschaft, die ihm die Zugehörigkeit zur göttlichen Welt offenbart. Die Existenz des Gnostikers in der Welt entfaltet sich im Exil; sie erträgt keinerlei Anpassung, denn der Gnostiker bleibt immer ein Fremder in der Welt. Das Bindeglied des Geistes mit der Welt ist der Leib. Wie schon bei der Aufteilung der Menschheit in Pneumatiker, Psychiker und Irdische dargelegt wurde, haftet dem Bereich der Materie und der Leiblichkeit eine grundsätzliche Negativität an.

Den Gnostikern war das Problem der Christologie nicht entgangen. Wie konnte eine stichhaltige Rede über Jesus, den Christus, auf der Grundlage gnostischer Prinzipien artikuliert werden? Die Lösung wurde in jener Christologie gefunden, wonach der Erlöser nur *scheinbar* Mensch geworden sei. In der Fachsprache wird diese Lehre als *Doketismus* bezeichnet.[48]

---

48 Aus dem griechischen δοκέω [dokeo], „scheinen“, „meinen“. Die δόξα [doxa] ist die „Meinung“ im Gegensatz zum echten philosophischen Wissen.

Demgemäß hat sich der Gesandte Gottes nur mit einem menschlichen Leib bekleidet, um die Menschen dadurch erreichen zu können, aber auch um die Archonten zu täuschen. Unter Berufung auf 1Kor 2,8 (Die Mächte dieser Welt haben die Weisheit Gottes nicht erkannt; hätten sie sie erkannt, hätten sie den Herrn der Herrlichkeit nicht gekreuzigt.) behaupten die Gnostiker, die Mächte der Welt hätten nur die menschlichen Leib des Erlösers gekreuzigt. Die Welt aber hat sich geirrt, wenn sie glaubt, den Heiland getötet zu haben. Vor diesem Hintergrund wird die Leidensgeschichte zu einer gut inszenierten Vorstellung, die im Grund jeden Ernst entbehrt. Eine Passage in der „Apokalypse des Petrus“ (NHC VII 3) kann das Gesagte gut illustrieren; Petrus fragt:

> „‚Was sehe ich Herr: bist du es selbst, den sie ergreifen; und zwar obwohl du mich bei der Hand hältst? Oder wer ist der, der neben dem Holz stehend heiter ist und lacht? Und einem anderen schlagen sie auf die Füße und auf die Hände?‘ – Der Erlöser sagte zu mir: ‚Der, den du neben dem Holz stehend heiter sein und lachen siehst, das ist der lebendige Jesus. Der aber, in dessen Hände und Füße sie die Nägel schlagen, das ist sein fleischliches Abbild, nämlich das Lösegeld, welches allein sie zuschanden machen, dasjenige, das entstanden ist nach seinem Bild. Sieh ihn und mich doch an!‘“ (81,14–24).

Die Aussage Jesu an die Adresse des Judas „Denn du wirst den Menschen opfern, der mich trägt“ ist in diesem Kontext zu verstehen. „Der Mensch, der mich trägt“ ist der Leib, der die geistige Wirklichkeit des Erlösers kleidet und trägt, der aber dem Kern gegenüber wesensfremd ist.

Letztlich fungiert Judas auch im Rahmen dieser Christologie als „Werkzeug Gottes“, aber hier nicht durch das Argument der Allwissenheit Gottes bzw. Jesu oder mit dem Motiv der notwendigen Erfüllung der Schrift. Judas ist das Instrument Gottes, weil er Jesus bei seiner Rückkehr zu seinem Ursprung hilft. Er ermöglicht Jesu Befreiung vom irdischen Leib, der ihn hier auf Erden umgab und verhüllte. Wenn Judas Jesus ausliefert, verrät er ihn also nicht, sondern befreit ihn. Der Mensch, der tatsächlich ausgeliefert wird, hat nie ein besseres Los verdient.

Ist der gnostische Erlöser das Modell für jeden Gnostiker, der dazu berufen ist, den gleichen Weg der Befreiung aus den materiellen Bindungen mitzugehen, so wird auch Judas als der vorbildliche Jünger dargestellt, der an seinem Meister vollbringt, was auch mit ihm – in einer gnostischen Fassung der „imitatio Christi“ – geschehen soll.

Die Worte Jesu, die auf die Ankündigung seiner Auslieferung folgen, nehmen in poetischer Sprache die Erhöhung des Judas vorweg:

> „Denn dein Horn ist schon erhoben,
> und dein Zorn hat sich entfacht,
> und dein Stern erstrahlt
> und dein Herz ist [...]“ (56,21–24).

Das „Horn“ ist hier eine Metapher für die Macht Gottes, die sich in der Welt zum Heil der Menschen äußert. Gott kann nämlich das Horn der Sünder zerschlagen, aber das Horn der Gerechten erheben (Ps 75,11). Dass das eigene Horn erhöht wird, ist für Israel ein Ausdruck der Hoffnung.[49] Wenn das Horn des Judas bereits erhoben ist, bedeutet dies, dass die Macht Gottes schon jetzt in ihm wirkt.

Die folgende Aussage ergänzt das Motiv aus einer anderen Perspektive: Der ausbrechende Zorn setzt eine Macht voraus, die zur Vernichtung fähig ist. Nach Zeph 3,8 hat Gott beschlossen, die Glut seines Zornes über die Völker auszuschütten. Ez 9,8 bestimmt Jerusalem als Objekt des göttlichen Zorns. Die Offenbarung des Gotteszorns am Ende der Zeiten wird der Tag der Abrechnung mit allen widergöttlichen Mächten sein (Offb 11,18). Judas weiß, dass er von allen Geschlechtern verflucht sein wird, zugleich aber auch, dass er über sie herrschen wird (46,21–23). Die beiden Aussagen begründen seine Herrschaft über seine Gegner.

Der strahlende Stern ist ein weiteres Zeichen der Macht: „Ein Stern geht auf aus Jakob und ein Zepter erhebt sich aus Israel" (Num 24,17). Der verherrlichte Herr stellt sich selbst als den strahlenden Morgenstern dar (Offb 22,16).

Die letzte, unvollständig überlieferte Aussage wird von den Herausgebern ergänzt: „Und dein Herz ist erstarkt".

Die letzten Worte Jesu kündigen sodann die bevorstehende Verherrlichung des Judas an:

> „Richte deine Augen auf und sieh die Wolke und das Licht in ihr und die Sterne, die um sie kreisen. Der Stern, der ihnen vorangeht, ist dein Stern" (57,16–20).

---

[49] Vgl. 1Sam 2,1: „Mein Horn wird erhöht durch meinen Gott"; Ps 89,18: „In deiner Gnade hebt sich unser Horn empor"; Ps 132,17: „Denn dort lasse ich dem David ein Horn sprossen"; Ps 148,14: „Hoch erhoben hat er das Horn seines Volkes"; Lk 1,69: „Er hat uns ein Horn des Heiles aufgerichtet im Haus Davids, seines Knechtes."

Die Wolke ist das Symbol der göttlichen Welt, der Transzendenz. Aus einer Lichtwolke kam der „Selbsterzeugte" hervor (47,19–20), der die Lichtkörper erschaffen wird. Aus der gleichen Wolke kam „Adamas", der vollkommene Mensch (48,22). Auch in diesem Fall ist die Wolke von Licht erfüllt.

Um die Lichtwolke kreisen Sterne, aber ohne ein stabiles Ganzes zu bilden. Die Wolke und die Sterne bewegen sich in einer Richtung, die durch den Stern des Judas bestimmt ist. Die Zugehörigkeit des Judas zum erhabenen Bereich des Lichtes ist damit angesagt.

Der Übergang vom Irdischen ins Transzendente wird anschließend knapp geschildert:

> „Judas richtete seine Augen auf und sah die lichte Wolke und ging in sie hinein. Jene, die auf der Erde waren, hörten eine Stimme, die aus der Wolke kam und sagte: [...] großes Geschlecht [...] Bild [...]" (57,21–58,2).

In der Gestaltung der Szene wirken neutestamentliche Motive nach. Elemente aus der Erzählung der Himmelfahrt und der Verklärung sind vorhanden. Bei der Himmelfahrt Jesu sehen die Jünger, wie eine Wolke ihn „aufnimmt" und ihn auf diese Weise ihren Augen entzieht (Apg 1,9). Wie Jesus geht auch Judas in die Wolke hinein. – In der Szene der Verklärung Jesu notiert nur Mt 17,5, dass eine „lichte Wolke" Jesus und seine Begleiter überschattet. Die Stimme aus der Wolke kommt bei allen drei Synoptikern vor.

Auch die Begleiter des Judas, „die auf der Erde waren", vernehmen eine Stimme aus der Wolke, in die Judas hineinging. Seine Verherrlichung wird in der Begrifflichkeit der

Aufnahme in den Himmel, der Erhöhung in den göttlichen Bereich, ausgedrückt.

An dieser Stelle ist die Handschrift beschädigt, sodass der Wortlaut der himmlischen Stimme unbekannt bleibt.

4.6.3 Die Stunde der Auslieferung

Die letzte Szene des Judasevangeliums unterscheidet sich von allen anderen, weil sich das Gespräch darin auf die Frage der jüdischen Behörde beschränkt. Ansonsten ist der Abschnitt im Erzählstil gehalten. Ein anderes unterscheidendes Merkmal sind die häufigen Anklänge an Stellen aus den Evangelien. Was aber am meisten überrascht, ist das Spiel mit Raum und Zeit, das die ganze Szene durchzieht.

Auf den ersten Blick scheint keine Kontinuität mit der soeben geschilderte Erhöhung des Judas zu bestehen: „Und er ging in die lichte Wolke hinein." Jetzt erscheint Judas aber wiederum auf der Erde, exakt in der Stunde der Auslieferung.

Die Angaben über den Ort des Geschehens sind nicht eindeutig. Die Hohenpriester murrten gegen „ihn", weil er in den „Gästesaal" (κατάκλυμα [kataklyma]) hineingegangen war, um zu beten (58,10–12); mit dem anonymen Subjekt der Handlung kann nur Jesus gemeint sein. Es erscheinen die Schriftgelehrten, die ihn mit der Absicht beobachten, ihn während des Gebets festzunehmen: „Aber sie fürchteten sich vor dem Volk, das ihn für einen Propheten hielt" (58,13–19).

Der griechische Terminus für Gästesaal kommt auch in Mk 14,14 und Lk 22,11 vor; er scheint jenen Saal im oberen Stockwerk (Obergemach) zu bezeichnen, in dem sich Jesus mit seinen Jüngern versammelt, um das Paschamahl zu halten. Diese Bedeutung des Wortes ist aber im Kontext des Judasevangeliums mit der Gegenwart der murrenden Hohenpriester und der Schriftgelehrten, die ihn festnehmen wollten, unvereinbar. Doch möchte der Verfasser hier keine Szene aus den Evangelien nachzeichnen, sondern er schafft sie neu, jedoch bewusst unter Verwendung unterschiedlicher Traditionen.

Auf der einen Seite steht die Überlieferung über den Ort, an dem das Paschamahl gehalten wurde. Auf der anderen Seite steht der Tempel als der Ort, in dem sich Judas mit den Gegnern Jesu trifft. Es ist möglich, dass der Verfasser darüber hinaus Einzelheiten aus dem vierten Evangelium übernommen und sie in seine Erzählung integriert hat. Hier wandert Jesus anlässlich des Laubhüttenfestes nach Jerusalem hinauf (Joh 7,2); er besucht dort den Tempel und lehrt (Joh 7,14). Mehrmals wollen ihn die Juden festnehmen (7,30.44), aber niemand legt Hand an ihn. Einige aus dem Volk behaupteten, er sei wahrhaftig der Prophet (7,40); in diesem Zusammenhang ist die Bemerkung aus Mk 11,18 gleich nach der Tempelreinigung hinzuzufügen: „Die Hohenpriester und die Schriftgelehrten hörten dies und suchten, wie sie ihn vernichten könnten. Denn sie fürchteten ihn, weil das ganze Volk über seine Lehre staunte.“

Wie dem auch sein: Anscheinend treten beide Gruppen, die Hohenpriester und die Schriftgelehrten, an Judas heran und fragen ihn: „Was tust du an diesem Ort? Du bist ein Jünger Jesu“ (58,21f).[50] Statt in wörtlicher Rede, wie es die direkte

[50] Der Verfasser verwendet Material aus der Szene der Begegnung des Petrus mit einer Magd (Mk 14,66–67 par.); vgl. Joh 18,25: „Bist du nicht auch einer von seinen Jüngern?“

Frage erwarten ließe, wird Judas' Antwort im Erzählstil wiedergegeben: „Judas antwortete ihnen, wie sie wollten. Und er bekam Geld und lieferten ihn ihnen aus" (58,23–26).

So, wie der Verfasser innerhalb seines Textes mit Raum und Zeit umgeht, sieht es aus, als trete ein Doppelgänger des Judas in der Szene auf, um das Werk – die Auslieferung Jesu – zu vollbringen, nachdem Judas selbst ja bereits in die lichte Wolke aufgenommen worden ist. Der Leser, der sich durch den Szenenwechsel überrascht oder irritiert zeigen könnte, ist eingeladen, sich darauf einzulassen. Die Erinnerung an die Erhöhung des Judas macht ihm deutlich, dass die Ereignisse in diesem letzten Teil – das empfangene Geld und die Auslieferung Jesu – Episoden eines notwendigen historischen Ablaufs sind, der eine andere Bedeutung hat, als dies die Großkirche annimmt.

Dadurch dass der Verfasser die Reihenfolge der Ereignisse umstellt – erst die Erhöhung des Judas, dann die Auslieferung –, verweist er den Leser auf den einzig geeigneten Bezugspunkt, die ganze Wahrheit über Judas zu entdecken und zu verstehen.

In der Art und Weise, die Gespräche mit dem Erzählstoff zu kombinieren, um mit dem überraschenden Zug abzuschließen, Judas nach seiner Erhöhung noch einmal auftreten zu lassen, stellt der Verfasser ein bemerkenswertes literarisches Können unter Beweis. Auch unter diesem Gesichtspunkt bringt die Schrift eine ergänzende Bereicherung zu anderen Texten aus Nag Hammadi.

Das Judasevangelium kommt zu Beginn als eine Offenbarung Jesu an Judas daher. Damit verbindet sich der Anspruch, dass es nur von dieser Offenbarung her möglich ist, die Gestalt des Judas richtig zu verstehen. Seine Geschichte ist nicht die Geschichte eines Verrats, sondern einer Befreiung. Demzufolge ist der Titel „*Evangelium* des Judas" durchaus angemessen. Die Schrift enthält eine frohe Botschaft, eine Verkündigung des Heils, in deren Mitte Judas steht.

Strittig ist jedoch der Wert dieser Verkündigung.

5. Der theologische Ort

Wir fassen im Folgenden die Beobachtungen zusammen, die in den Einzelabschnitten gemacht wurden – manches wird auch ergänzt –, um den Ort des Judasevangeliums im Kontext der altchristlichen Literatur zu präzisieren:

- In Anlehnung an andere gnostischen Schriften verwendet der Verfasser für seine Darlegung die literarische Form des Gesprächs. Unter rein formalen Rücksichten bietet der „Dialog des Erlösers" (NHC III 5) die nächste Parallele. Kennzeichnend für das Judasevangelium ist die überragende Bedeutung der Gestalt des Judas, die von Jesus selbst in den Mittelpunkt gestellt wird. Die anderen Jünger spielen eine Nebenrolle und werden nicht im einzelnen differenziert dargestellt.
- Die Schrift vertritt eine Gnosis markionitischer Prägung. Der Gott, den Jesus offenbart, ist nicht der Schöpfergott der Großkirche. Der privilegierte Empfänger der Offenbarung unterscheidet sich von den zwölf Jüngern Jesu. Es ist nicht zufällig, dass Judas schon bevor er Jesus ausliefert, als der „Dreizehnte" bezeichnet wird. Auch in der Zeit, als er einer der Zwölf war, gehörte er nicht zu ihnen. Als der „Dreizehnte" war er stets der Außenseiter, der Fremde.

- Im Text gibt es keine Anspielung auf Kain, aber die zentrale Rolle des Judas bestätigt die Notiz des Irenäus über die Herkunft der Schrift.[51] Das lässt wiederum auf den Einfluss des markionitischen Denkansatzes schließen. Wie die Verurteilten des Alten Testaments so ist auch Judas, der Verurteilte des Neuen Testaments, der Zeuge für die Wahrheit des fremden Gottes, den Jesus verkündet.
- Im Rahmen der unterschiedlichen Richtungen gnostischen Denkens macht sich die Nähe zur sethianischen Gnosis besonders bemerkbar. Es sind nicht nur textliche Parallelen, die aus den sethianischen Schriften von Nag Hammadi herangezogen wurden.[52] Einige Stellen belegen ausdrücklich, dass die Gestalt des Seth für den Verfasser ein zentraler Bezugspunkt in seinem Wirklichkeitsverständnis war. Zur Offenbarung der göttlichen Welt gehört das unvergängliche Geschlecht des Seth (49,5f; 57,10–14); Seth wird Christus genannt (52,5f). Über das Verhältnis Jesu zu Barbelo oder zu dem „Selbsterzeugten" ist in den Fragmenten nichts geblieben, aber

---

[51] S.o. S. 87ff. – *M. Meyer* meint, den Namen „Kainiten" haben „sich die Häresiologen offenbar ausgedacht", weil es keine historischen Belege gibt, „dass sich irgendeine Gruppe im frühen Christentum selbst als Kainiten bezeichnet hätte" (Judas 129). Andererseits räumt er ein, dass Kain in den Texten von Nag Hammadi, die mit dem Judasevangelium besonders in der Frage der Kosmologie verwandte Züge aufweisen, vorkommt: so im „Apokryphon des Johannes", in „Vom Wesen der Archonten" und im „Ägypterevangelium". Völlig frei erfunden sind die Kainiten also nicht.

[52] Das „Ägypterevangelium" (NHC III 2 [56,4–13]) schätzt Sodom und Gomorra positiv ein und bezieht die Städte auf Seth.

das beeinträchtigt nicht die Zugehörigkeit der Schrift zur sethianischen Gnosis.[53]

Insgesamt aber ist beim Versuch, den Text bestimmten gnostischen Gruppen zuzuordnen, Vorsicht geboten. In ihrer komplexen Vielfalt entziehen sie sich jeder Systematisierung. Das hier Gesagte will nicht mehr bieten als eine Grundorientierung.

– Auch wenn es unwahrscheinlich ist, dass Irenäus den ganzen Text des Judasevangeliums gelesen hat, stimmen die von ihm überlieferten Angaben über die Schrift mit dem überein, was man heute in der Handschrift lesen kann. Dass „er als einziger von allen Jüngern die Wahrheit erkannt hat“, wird durch die Rolle des Judas als Empfänger der Offenbarung Jesu bestätigt. Er „vollbrachte das Mysterium des Verrats“, indem er den Menschen „opferte“, der Jesus auf Erden trug. Schließlich „war er die Ursache der Auflösung alles Irdischen und Himmlischen“, weil Jesus ihm die Zerstörung des Alls im Rahmen einer kosmischen Eschatologie mitteilt (55,15–20).[54]

Hat Irenäus eine Zusammenfassung des Judasevangeliums verwendet, ergibt sich für die *Abfassungszeit* ein Zeitraum zwischen den Jahren 150 und 170. – Die Notiz des Epiphanius dürfte vom Bericht des Irenäus abhängen. Über die Quelle Theodorets lässt sich nichts Sicheres sagen.

Über den *Entstehungsort* des Judasevangeliums kann man nur Vermutungen anstellen. Kurz vor 180 berichtet der Philo-

---

[53] Nach dem Aufsatz von *M. Meyer,* Judas und die Gnostiker, erübrigt sich jede Diskussion zu dem Thema.

[54] Vgl. *G. Wurst,* Irenäus 121–126.

soph Kelsos mit viel Detailkenntnis über die christlichen Gruppen, die nicht zur Großkirche[55] gehörten. Er kann sogar die Gruppen benennen und sie charakterisieren (cels. 5,61–64: Ebioniten, Sibyllisten, Simonianer, Helenianer, Markellianer, Harpokratianer, die von Mariamme, die von Martha, Markioniten). Es fällt auf, in welchem Ausmaß er über Markion informiert ist (cels. 5,54–59). Er ist imstande, sowohl die Argumente eines Gläubigen der Großkirche gegen die Markioniten (6,53a) als auch die Gegenargumente (6,53b) anzuführen. Wenn der „Alethes Logos" der Kirche in Alexandria verfasst wurde – dafür gibt es stichhaltige Gründe[56] – stellt sich die Frage, ob das Judasevangelium nicht im bunten Milieu des alexandrinischen Christentums entstanden ist. Das würde auch erklären, warum der Text später ins Koptische übersetzt und im ägyptischen Raum gelesen wurde.

Der *Verfasser* kennt und verwendet Motive, die in den vier Evangelien (besonders im Johannes- und Matthäusevangelium) vorkommen, allerdings nur in den letzten Szenen. Die Paraphrase zu Jes 64,3 geht schwerlich auf den alttestamentlichen Text zurück. Am Anfang des fünften Gespräches wendet sich Judas an Jesus mit der Anrede „Rabbi", wie auch die Jünger in den Evangelien (Mt 23,7f; 26,25.49; Mk 9,5 usw.).

Die Offenbarung, die Judas von Jesus empfängt, besitzt die universale Tragweite des *apokalyptischen Wissens:* Ange-

---

[55] Den Ausdruck verwendet er selbst in Contra Celsum (= cels.) 5,59. Zur Auslegung der fragmentarisch überlieferten Schrift des Kelsos vgl. *H.E. Lona,* Die ‚Wahre Lehre' des Kelsos (KfA ErgBd.), Freiburg 2005.

[56] Vgl. *H.E. Lona,* a. a. O. 56f.

fangen mit dem Ursprung aller Dinge bis zu ihrer Vollendung. Die Kosmogonie ist auch Kosmologie, die das Wissen um die Struktur der Wirklichkeit vermittelt. Dieses Wissen geht weit über das übliche Schulwissen hinaus, denn es gehört zur Gnosis, d. h. zur Heil bringenden Erkenntnis, die dem Menschen seine einmalige Würde enthüllt.

Die *Kritik an die Großkirche* ist nicht nur durch einen scharfen polemischen Ton gekennzeichnet, sondern auch durch ihren Schwerpunkt: den Kult und die Unwürdigkeit der Kultdiener. Die Heftigkeit des Angriffs verlangt nach einer Erklärung. Die Vermutung liegt nahe, dass dies der Punkt war, in dem der Verfasser eine Gefährdung für den Bestand seiner eigenen Gemeinde sah. Die an konkreten Erfahrungen reiche Liturgie der Großkirche wirkte wahrscheinlich attraktiv auf die Mitglieder einer Gemeinde, die gewöhnlich nur Zugang zu einem stark spiritualisierten Kult hatten. Wir haben gesehen, dass die Gnostiker dem Kult gegenüber unterschiedliche Haltungen einnahmen. Der Kritik des Judasevangeliums lässt sich zwar nichts Präzises über Bedeutung und Formen des Kults in der Gemeinde entnehmen, aber wahrscheinlich vermochte er mit dem Angebot der Großkirche kaum zu konkurrieren. Jedoch scheint klar zu sein: Jeder Art von Kontakt – geschweige denn von „Koexistenz" – mit den Christen der Großkirche im kultischen Bereich soll durch die massive Kritik die Grundlage entzogen werden.

Das Judasevangelium enthält eine kohärente Interpretation der Gestalt des Judas aus dem Blickwinkel der christlichen Gnosis des 2. Jahrhunderts. Das bedeutet, dass der Verfasser und seine Adressaten sich als Christen verstanden, denen die Frage der Wahrheit des Glaubens nicht gleichgültig war. Diese Wahrheit wollten sie mit Hilfe einer Gestalt ans Licht fördern, die bei anderen Christen auf entschiedenen Widerstand stoßen musste: Judas Iskariot. Die Meinung der Großkirche zu seiner Person war eindeutig. Mit der gleichen Eindeutigkeit bietet das Judasevangelium eine völlig andere Sicht des Judas.

Die Aufgabe, über sehr verschiedene theologische Positionen zu urteilen, ist immer delikat. Auf dem Spiel stehen oft mit Grundentscheidungen verbundene Denkvoraussetzungen, die zu diesen Positionen geführt haben. Ein wichtiges Kriterium darf dabei nicht übersehen werden. Wie in der Gnosis üblich, geht es auch hier um eine doketische Christologie, die die tatsächliche Menschwerdung des Erlösers ausschließt. Der Tod am Kreuz kann keine heilsmäßige Bedeutung erlangen, wenn sich der Erlöser von „dem Menschen, der ihn trägt", befreit. Christliche Theologie wird am Prüfstein der Christologie gemessen. Anders ausgedrückt: Ohne Kreuzestheologie gibt es keine christliche Theologie. Die Gnostiker, auf die das Judasevangelium zurückgeht, hätten freilich anders geurteilt.[57]

---

[57] An der Einschätzung der Gnosis als christlicher Theologie entscheidet sich die Frage, ob dem Judasevangelium umfassende theologische Bedeutung zukommt. Das vertritt *B.D. Ehrman*: „Damit haben wir nun eine Schrift, die die traditionelle christliche Theologie buchstäblich auf den Kopf stellt und alles, was wir je über das Wesen des wahren Christentums gedacht haben, ins Gegenteil verkehrt, eine ‚verkehrte Welt'" (Verkehrte Welt 112). Die Behauptung wird durch ein sehr persönliches Bekenntnis Ehrmans ergänzt, das einiges erklärt: „Nach dieser bislang verschollenen Sicht kannte nur Judas die Wahrheit über Jesus. Jesus kam nicht vom Schöpfer dieser Welt, und er war sicher nicht

sein Sohn. Er kam aus dem Äon Barbelo, um die verborgenen Geheimnisse zu offenbaren, die die Erlösung bringen können. Es war nicht sein Tod, der diese Erlösung brachte. Durch seinen Tod wurde er nur aus dieser schlechten, materiellen Welt befreit. Diese Welt ist ein Sündenpfuhl, voller Schmerzen, Elend und Leid, und die einzige Möglichkeit, wie wir zur Erlösung gelangen können, ist, sich von ihr loszusagen. Und einige von uns werden dies tun. Einige von uns tragen einen göttlichen Funken in sich, und wenn wir sterben, werden wir aus dem Gefängnis unseres Leibes ausbrechen können und in unsere himmlische Heimat zurückkehren, in die göttliche Welt, von der wir herabkamen und zu der wir wiederkehren werden, um in ewiger Herrlichkeit und Erhabenheit zu leben" (Verkehrte Welt 113).

E. Ausblick: Der „Fall“ Judas

1. Judas, die Evangelien und das Judasevangelium

Nach dem bis hierher zurückgelegten Weg, von der neutestamentlichen Überlieferung über Judas bis zum Judasevangelium, empfiehlt es sich, auch die Ergebnisse im Hinblick auf die Gestalt des Judas zusammenzufassen.

Man wird zunächst zugeben müssen, dass über Judas wenig Sicheres vorliegt. Die Texte des Neuen Testaments geben Traditionen weiter, die über Judas nicht aus historischem Interesse berichten, sondern im Zusammenhang mit der christlichen Verkündigung.

Als historischer Kern der Judasüberlieferung darf nach der hier vertretenen Deutung die Übergabe Jesu an die jüdische Behörde festgehalten werden. Um die Tat des Judas zu erklären, ist als Motiv seine Enttäuschung angesichts einer unerfüllten messianischen Hoffnung zu vermuten. Es handelt sich um eine Hypothese mit einem Wahrscheinlichkeitsgrad, der auf dem historischen Hintergrund der Handlung basiert. Ohne Zweifel spielt in ihr ein psychologisches Element eine nicht unerhebliche Rolle, aber wenn es um Entscheidungen geht, die erklärt werden sollen, kann man auf die Berücksichtigung der Psyche der Akteure nie ganz verzichten.

Zu einem besseren oder gar völlig anderen Verständnis der historischen Gestalt des Judas trägt das Judasevangelium nichts bei. Weder Jesus noch Judas, die sich hier begegnen, haben mit den zwei palästinischen Juden aus dem 1. Jahrhundert, von denen die Evangelien berichten, etwas zu tun. Die Worte und die Gedanken, die sie austauschen, sind nicht die ihren, sondern sie geben die Gedanken eines gnostischen Verfassers wider, der so seine eigene Überzeugung dokumentiert.

Die Judasüberlieferung in der gnostischen Literatur ist wenig ergiebig. Dank der Entdeckung des Judasevangeliums sind wir nun in der Lage, eine Lücke in der Erforschung der Gnosis zu schließen. Daher verdient die Schrift hohe Wertschätzung.

Die Aufregung und Erwartungen, die schon die Ankündigung der Veröffentlichung der Handschrift auslöste, gehören zu einem Kapitel der medialen Gesellschaft, die ihre eigene Gesetzmäßigkeit besitzt und solche Phänomene hervorbringt.[1]

2. Der „Fall“ Judas

Die Geschichte des Judas hat unverwechselbare Züge, die ihm nicht nur in den neutestamentlichen Texten und in den Schriften der altchristlichen Literatur einen eigenen

---

[1] Im zitierten Interview (S. 75f Anm. 26) äußert sich *R. Kasser* deutlich dazu: „Die Auswahl des Datums für die Veröffentlichung dieser Texte [i.e. aus dem Codex Tchacos] ist kein Zufall. Es ist vielmehr Teil einer von den Herausgebern des Buches sehr gut organisierten Kampagne, um von der enormen kommerziellen Verbreitung und vom Welterfolg des „The Da Vinci Code“ zu profitieren, – das allerdings ein absurdes und bedauerliches Buch ist.“ („La elección de la fecha de revelación de estos textos no es fruto del azar, sino que es parte de una campaña muy bien orquestada por los editores del libro para aprovechar el inmenso tirón comercial y el éxito planetario del Código Da Vinci que, por cierto, es un libro absurdo y lamentable“).

Platz gewährt haben. Ebenso eigentümlich ist die Anziehungskraft, die Judas nach wie vor ausübt, und zwar nicht so sehr im Bereich der Theologie als vielmehr im Bereich der Literatur bzw. Belletristik.

Der von Mathias Krieg und Gabrielle Zangger-Derron herausgegebene Sammelband „Judas. Ein literarisch-theologisches Lesebuch“ enthält Abschnitte aus den Werken von 34 Autoren einer Zeitspanne vom Mittelalter bis zur Gegenwart. Auch bei einer von theologischem Interesse geleiteten Annährung an Judas, wie das Buch von Bernhard Dieckmann, „Judas als Sündenbock“, werden 64 Autoren zitiert, die überwiegend die Welt der Literatur vertreten.[2]

Nicht einmal der Titel „Evangelium des Judas“ ist neu. Von Robert Morel erschien 1945 (deutsch 1949) ein kleines

---

2 Den genannten Autoren ist die kurze Erzählung von *Jorge Luis Borges* „Drei Versionen des Judas“ entgangen (= Tres versiones de Judas, in: Obras completas, Bd. 1, Buenos Aires 1974, 514–518 [zum ersten Mal veröffentlicht in: Artificios, Buenos Aires 1944]). Wegen des theologischen Inhalts lohnt es sich, die drei Versionen zu erwähnen, die von Nils Runeberg, einen fiktiven Theologieprofessor in Lund, vertreten werden: 1. Der Verrat des Judas war nicht zufällig. Die Tat war im Heilsplan Gottes vorherbestimmt: Judas als Instrument des göttlichen Willens; 2. Judas ist der Asket, der sich in seiner Demut nicht für würdig hält, gut zu sein; 3. Gott ist ganz Mensch geworden, und zwar Mensch bis zum tiefsten Abgrund des Menschlichen. Deswegen ist er selbst Judas geworden. Der Erlöser und der Erlöste werden eins in der Gestalt des Judas. – Im Vorwort bezeichnet Borges die Erzählung als „christologische Phantasie“.– Die drei Versionen sind nicht frei erfunden; Berührungspunkte mit theologischen Positionen sind auch nicht zufällig. Borges war darüber gut informiert. Zum Thema vgl. *H.E. Lona,* Borges, la gnosis y los gnósticos. Una aproximación a ‚Tlön, Uqbar, Orbis Tertius', in: Variaciones Borges 15 (2003) 125–150.

Buch unter diesem Titel, das sich als Testament des Judas ausgibt, bevor er sich erhängt.[3]

Scheinbar hat die nüchterne Art einer theologischen Behandlung des Themas, die sich den Regeln der historischen Analyse unterwirft, die Imaginationskraft der Literaten herausgefordert, die die Judasfigur in eine breite Skala der menschlichen Möglichkeiten einordnen: Der vom Teufel Besessene, der Verräter seines Meisters durch einen Kuss, der Heilige, auf dessen Heiligsprechung man wartet, durch die er die längst fällige Anerkennung und Verehrung finden wird. Literarisch ist Judas ein „Fall" geworden[4], der nicht abgeschlossen ist und über den ständig neu verhandelt wird.

Auf wenigstens zwei Ursachen der Anziehungskraft – oder soll man besser von Faszination sprechen? – der Gestalt des Judas sei hingewiesen:

– Nach der gängigen Darstellung repräsentiert Judas einen extremen Fall menschlicher Negativität. Wie es scheint, übt der betörende Duft der „fleurs du mal" eine beinahe unwiderstehliche Anziehungskraft aus, die dazu führt, sich mit Judas und seinem Schicksal immer wieder auseinanderzusetzen. – Das Phänomen muss nicht unbedingt als krankhaft oder verdächtig betrachtet werden. Vielleicht liegt der Grund dafür einfach darin, dass der Leser, der die Geschichte des Judas liest, letztlich mit

[3] *Robert Morel* schrieb auch andere Werke in romanhaftem Stil über biblische Personen: L'Annonciateur: Vie de Saint Jean le baptiste (1942); Images de la vie de Jésus (1947); Caïn (1962); Marie mère (1966) u. a. Der literarische Wert ist bescheiden.

[4] Das ist der Titel des Buches von *W. Jens,* Der Fall Judas, Stuttgart 1975.

der eigenen Negativität konfrontiert wird. Das Bild des Judas projiziert sich auf die eigene Existenz als ein Bild, das auch das ureigene sein könnte.

– Die Wirkungsgeschichte des Judas in der Literatur – angefangen mit den ersten literarischen Zeugnissen, den Evangelien – zeigt abermals, dass seine Gestalt wie ein Katalysator wirkt, der sehr verschiedene Reaktionen auslösen kann. Beim Lesen der Abschnitte über Judas in den Evangelien entdeckt der Leser neue und tiefe Sinnebenen, als wäre Judas eine lebendige Metapher, die für vielfältige Deutungen offen ist und sie zugleich fördert.

In ihrem Buch über Judas ordnen Krieg – Zangger-Darron die literarischen Belege zur Judasfigur in mehrere Kategorien: Verkörperung des Bösen, Antiheld der Messiaserwartung, Werkzeug des Heilsplans, Opfer der Liebe, Vertreter der Menschen, Denkfigur der Theologie.

Für der Literatur seit der Aufklärung bietet Martin Meiser ein noch differenzierteres Bild: Judas als Antiheld der Messiaserwartung, als Werkzeug eines höheren Plan, als anthropologische, als psychologische Chiffre: Die Undurchschaubarkeit eigenen Erlebens, die Einsamkeit des Außenseiters; Judas als Moment der Kirchen- und Bibelkritik, als Gestalt der kirchlichen Selbstkritik.[5] – Eine wirklich „neue“ Deutung des Judas dürfte kaum noch möglich sein.

Wie in der Einleitung angemerkt, ging es hier um den Versuch, die Gestalt des Judas und die schriftlichen Zeugnisse über ihn zu verstehen. Der Titel: „Judas Iskariot: Wahrheit

[5] Judas Iskariot 163–187. Vgl. auch *H.-J. Klauck,* Judas 17–32.

und Legende“ deutete das Problem bei diesem Versuch an. Gewiss hat auch die Legende ihre Wahrheit, aber die von uns gemeinte Wahrheit ist die Wahrheit einer Person und ihrer Geschichte.

Dem Leser, der nicht gewohnt ist, das Neue Testament mit kritischen Augen zu lesen oder von einer kritischen Lektüre nichts hält, mag ungewöhnlich oder unpassend vorgekommen sein, dass auch vermeintliche Eckdaten der Geschichte des Judas, wie sein katastrophales Ende nach der matthäischen Fassung, in Frage gestellt wurden. Die gewählte Methode lässt für willkürliche Entscheidungen keinen Raum. Sie wird vielmehr von der wissenschaftlich verantworteten Suche nach der Wahrheit gefordert. Unsere Interpretation der neutestamentlichen Zeugen zeigt, dass auch die Evangelien an einem Prozess der Legendenbildung partizipieren, der letztlich eine schwarze Legende hervorbringen wird. Wo wir meinen, dass der Kern der Geschichte liegt, haben wir oben dargelegt.[6]

Was ist nun die Wahrheit über Judas? Sie ist eine zutiefst menschliche Wahrheit, die sich durch kein Etikett zutreffend bezeichnen lässt. Es ist eine Wahrheit, die mit dem Geheimnis des Menschen zusammenhängt, mit seiner Freiheit in der Situation des Konflikts, mit den Möglichkeiten des Irrtums, mit den Abgründen der Entscheidung.

Für den, der die Wahrheit über die Gestalt des Judas sucht und dabei auch den Gott einbezieht, an den Judas glaubte, gibt es eine andere Dimension, die nicht außer Acht gelassen werden darf. Das Geheimnis jeder Person steht nicht isoliert und beziehungslos da. Es ist von einem

---

[6] S.o. S. 78ff.

anderen, unendlich größeren Geheimnis durchdrungen und getragen, das unser angebliches Wissen über den Menschen relativiert: Das Geheimnis der Liebe dieses Gottes, den Jesus verkündete.

Anhang

Literaturverzeichnis

1. Neutestamentlicher Befund – Judas – Judasevangelium

Dieckmann, Bernhard, Judas als Sündenbock. Eine verhängnisvolle Geschichte von Angst und Vergeltung, München 1991.

Ehrman, Bart D., Verkehrte Welt: Die provokative Sicht des Judasevangeliums, in: Kasser, Rodolphe u. a., Das Evangelium des Judas 73–113.

Goldschmidt, Hermann Levin – Limbeck, Meinrad (Hg.), Heilvoller Verrat? Judas im Neuen Testament, Stuttgart 1976.

Hengel, Martin, Die Zeloten. Untersuchungen zur jüdischen Freiheitsbewegung in der Zeit von Herodes I. bis 70 nC. (AGAJU 1), Leiden/Köln ²1976.

Kasser, Rodolphe, Die Geschichte des Codex Tchacos und das Evangelium des Judas, in: ders., u. a., Das Evangelium des Judas 47–72.

Kasser, Rodolphe – Meyer, Marvin – Wurst, Gregor (Hg.), Das Evangelium des Judas aus dem Codex Tchacos, Wiesbaden 2006.

Klauck, Hans-Josef, Judas – ein Jünger des Herrn (QD 111), Freiburg 1987.

Krieg, Mathias – Zangger-Derron, Gabrielle (Hg.), Judas. Ein literarisch-theologisches Lesebuch, Zürich 1996.

Krosney, Herbert, Das verschollene Evangelium. Die abenteuerliche Entdeckung und Entschlüsselung des Evangeliums des Judas Iskarioth, Wiesbaden 2006.

Lüdemann, Gerd, Das Judas-Evangelium und das Evangelium nach Maria, Stuttgart 2006.

Meyer, Marvin, Judas und die Gnostiker, in: Kasser, Rodolphe u. a., Das Evangelium des Judas 129–158.

Meiser, Martin, Judas Iskariot. Einer von uns (Biblische Gestalten 10), Leipzig 2004.

Morel, Robert, Das Judasevangelium. Apokryph, Heidelberg 1949.

Nieman, Raul (Hg.), Judas, wer bist du?, Gütersloh 1991.

Plisch, Uwe-Karsten, Das Evangelium des Judas, in: ZAC 10 (2006) 5–14.

Popkes, Wiard, Christus traditus. Eine Untersuchung zum Begriff der Dahingabe im Neuen Testament (AThANT 49), Zürich/Stuttgart 1967.

Schwarz, Günther, Jesus und Judas. Arameistische Untersuchungen zur Jesus-Judas-Überlieferung der Evangelien und der Apostelgeschichte (BWANT 123), Stuttgart u. a. 1988.

Vogler, Werner, Judas Iskarioth. Untersuchungen zu Tradition und Redaktion von Texten des Neuen Testaments und außerkanonischer Schriften (ThA 42), Berlin 1983.

Wagner, Harald (Hg.), Judas Iskariot. Menschliches oder heilsgeschichtliches Drama? Frankfurt a.M. 1985.

Wurst, Gregor, Irenäus von Lyon und das Evangelium des Judas, in: Kasser, Rodolphe u. a., Das Evangelium des Judas 115–128.

2. Gnosis – Gnostische Quellen

Foerster, Werner (Hg.), Die Gnosis. Bd. I: Zeugnisse der Kirchenväter; Bd. II: Koptische Quellen aus Nag Hammadi, Zürich/Stuttgart 1969–71.

Jonas, Hans, Gnosis und spätantiker Geist. I. Die mythologische Gnosis (FRLANT 51), Göttingen [3]1964.

Lüdemann, Gerd – Janßen, Martina (Hg.), Bibel der Häretiker: Die gnostischen Schriften aus Nag Hammadi, Stuttgart 1997.

Markschies, Christoph, Die Gnosis, München 2001.

Robinson, James M. (Hg.), The Nag Hammadi Library in English, Leiden 1977.

Rudolph, Kurt, Die Gnosis. Wesen und Geschichte einer spätantiken Religion, Göttingen 1978.

Schenke, Hans-Martin – Bethge, Hans-Gebhard – Kaiser, Ursula Ulrike, Nag Hammadi Deutsch. Bd. 1: NHC I,1–V,1 (Koptisch-Gnostische Schriften, 2); Bd. 2: NHC V,2–XIII,1, BG 1 und 4 (Koptisch-Gnostische Schriften, 3), Berlin/New York 2001–03.

Schneemelcher, Wilhelm (Hg.), Neutestamentliche Apokryphen. Bd. I: Evangelien; Bd. II: Apostolisches, Apokalypsen und Verwandtes, Tübingen [5]1987–89.

Stellenregister

Altchristliche Literatur

Nag Hammadi

Namens- und Sachregister